JN246451

全国に広がる慶應義塾関連の史跡・ゆかりの地

＊ページは本文参照。住所は巻末の「本書関連史跡・ゆかりの地一覧」を参照のこと

依田勉三住居跡（北海道広尾郡大樹町 晩成社史跡公園） p.33

元浦河教会（三代目、北海道浦河郡浦河町） p.37

モエレ沼公園（北海道札幌市） p.120

大倉山ジャンプ競技場（北海道札幌市）p.44

木造 慶應義塾幼稚舎疎開学園の碑（青森県つがる市）
p.24

修善寺　慶應義塾幼稚舎疎開学園の碑（静岡県伊豆市）　p.20

旧岩崎邸（東京都台東区）p.49

黄林閣［柳瀬荘］（埼玉県所沢市）p.158

堀口大學詩碑（神奈川県三浦郡葉山町）p.83

川奈ホテル　サンルーム（静岡県伊東市）　p.42

山本山山頂から小千谷の街を見下ろす。中央は信濃川。（新潟県小千谷市）p.76

桃介橋（長野県木曽郡南木曽町）p.101

野口米次郎生家（愛知県津島市）p.116

犬養毅銅像［吉備津神社］（岡山県岡山市）p.152

雅俗山荘［小林一三記念館］（大阪府池田市）p.149

旧高取邸（佐賀県唐津市）p.175

TOTO ミュージアム（福岡県北九州市）p.105

徳島慶應義塾跡記念碑（徳島県徳島市）p.9

郵征總局（韓国 ソウル特別市）p.185

加藤三明・山内慶太・大澤輝嘉 編著

慶應義塾 歴史散歩 全国編

慶應義塾大学出版会

まえがき

『三田評論』で福澤諭吉の史跡探訪が大方終わると、例えば大阪を訪れた人がその近辺に、あるいは自宅の周辺に、こんな慶應関係または関係者の史跡があることが分かる連載をしていこうということになった。しかし、地域を主体にまとめていくと、解説が事典のようになり、繋がりがなく、ストーリー性もなく、無味乾燥になってしまうように感じた。子供の頃、伝記好きだったこともあってか、史跡を調べていくうちにその人物に魅かれていき、地域中心ではなく、私は人物を中心にして史跡を紹介することが多くなっていった。それをまとめたのが本書『慶應義塾歴史散歩　全国編』である

元々、城、神社仏閣などを訪ねるのが好きであった私であるが、今回の史跡探訪は実に楽しかった。人知れぬ史跡があることを発見し、地図を頼りに探していく喜びは、私の楽しみの中心を占めていた。しかし、困ったことに、ただの観光旅行が今一つ楽しみに欠けるように感じてしまうようになった。そして、慶應関係の史跡は、これでほぼ出尽くした感がある。これから何を楽しみに過ごしていこうか。

本書は、慶應関係の著名な人物を紹介したわけではなく、訪ねる史跡・ゆかりの地が存在する人物を中心に扱ったが、皆立派な人物ばかりであった。どの人物にも共感するところがあり、馬齢を重ね既に還暦を超え、遅きに失した感があるが、私もこんな人物になりたいと思う人ばかりであった。もう少し若い時に、それらの人物を知っていたら、私ももう少しましな人物になっていたかもしれない。

「慶應義塾の分校」については、我々より詳しい慶應義塾福澤研究センター西澤直子教授に執筆頂いた。彼女は、私が慶應女子高剣道部のコーチをした時の教え子だが、福澤研究では逆転し、私のコーチ格である。

今回の出版に一方ならぬお世話を頂いた慶應義塾大学出版会の及川健治さんに度々、「マニアックですね。」と苦笑されたが、本書は慶應または史跡マニアでない方がふと手に取って、いつの間にか読み進めてしまう、そんな本になってくれることを祈っている。私がこれだけ楽しんで書いたのだから、少しはその目があると思っている。なお巻末に北から都道府県別に今回登場した史跡の一覧表を掲載した。旅行に出かけるときなど参考にして頂ければ幸いである。

平成二十九年十月

著者を代表して　加藤三明

目次

＊本書は『三田評論』（慶應義塾発行）連載の「慶應義塾史跡めぐり」から選び出した原稿に加筆・修正を加え編集したものである。新たに書き下した項もある。執筆者は各項末に記した。

慶應義塾の分校

大阪・京都・徳島

すでにご存知の方も多いかもしれないが、慶應義塾には明治初期に、**大阪慶應義塾**、**京都慶應義塾**、**徳島慶應義塾**という三つの分校があった。今回は、その跡地についてご紹介する。

三校のうち、最初にできたのは大阪慶應義塾である。もっとも私自身は、慶應義塾最初の分校は、明治四（一八七一）年十一月に開校した中津市学校ではないかと思っている。同校は慶應義塾と相談した上で体裁を整え、学則やカリキュラム類も「総て東京三田慶應義塾之規則」に従うとあり、また初代校長に慶應義塾から小幡篤次郎が赴任したのをはじめとして、中心となる教員は慶應義塾から派遣され、何より設立や運営に福澤諭吉が深く関わっていた。しかしこれには異論もあろう。中津市学校跡地については、『福澤諭吉歴史散歩「中津城とその周辺」』（慶應義塾大学出版会、二〇一二年）をご参照いただきたい。

大阪慶應義塾

さて話を元に戻すと、大阪慶應義塾は明治六（一八七三）年十一月に開校した。設立の経緯は、同年十月二日付菊村某・斎藤明宛荘田平五郎書簡によれば、荘田が訪れた際に見た大阪の様子が「政府の権偏重にて人民の自由衰ん」有様で今後が心配になり、慶應義塾社中から人材を派遣し教育事業に着手すれば、のちのち大阪の「骨」となり、慶應義塾のためにも大阪のためにもよいと考えた。帰京早々提案したところ、九月二十五、六日ごろになって福澤諭吉達の賛同を得たという。慶應義塾ではまず名児耶六都、荘田平五郎、福澤諭吉の連名で、「関西の生徒は遠路の往来不便利に付」き分校を設けたいと東京府知事大久保一翁に宛て願書を出し、大久保の添書を得て、大阪府権知事渡辺昇に分校設立願書を提出した。許可は十一月七日に下りている。開業時に配られたとされる宣伝用の印刷物『大阪慶應義塾開業報告』には、「教授の方は英書、訳書、洋算、和算の四類を設け、一課各一時間づゝとし、生徒の意に任せて一類数課或は数類兼学を許」し、授業料は英書が一カ月七十五銭、洋算が同五十銭、訳書同二十五銭、和算同十二銭半、英書二課洋算兼学が同一円七十五銭、訳書二課同四十銭、入学金は三円と記されている。

ところが肝心の場所について、この開業報告には、「大阪安堂寺橋通三丁目」とだけ書かれている。設立願には「南大組第六区安堂寺橋通三丁目第百九十二番屋敷丸家〔ママ〕善蔵扣家」とあり、また明治六（一八七三）年十月二十七日付で父親に宛てた荘田平五郎の書簡には、大阪分校設立のため上阪して「安堂寺橋通心斎橋筋東へ入丸屋善蔵控屋に寄寓」したとあって、二つの通りが交差するブロックにまで絞ることができるが、残念ながら正確な場所を特定できない。大阪慶應義塾は翌七年六月六日に、北浜町二丁目の小寺篤兵衛の家に移ったといわれており、『文部省第二年報』でも所在地は「北浜通」となっている。こちらの方は現在も北浜二丁目に小寺プラザというビルが建っており、そのあたりの一角であったと考えられる。土地所有者の御厚意を得て、平成二十一（二〇〇九）年に正面に福澤諭吉の筆で「独立自尊」と彫られた**大阪慶應義塾跡記念碑**が建立された。

◉大阪慶應義塾跡記念碑

京都慶應義塾

大阪慶應義塾から遅れること三カ月ほどで、京都にも慶應義塾の分校ができた。福澤は明治五（一八七二）年京都の学校を視察し、大いに感動して『京都学校之記』を記した。そこには、日本の文明開化は京都の学校に学ぶ子女に依頼せずして「他に求むべきの道」はない、民間に学校を建て教育事業を行うのは自分の「積年の宿志」であったが、京都に来てその実際を目の当たりにし、あたかも故郷に帰って「知己朋友」に逢ったようである、この学校を見て「感ぜざる者」

は「報国の心なき人」であると書かれている。こうした福澤の思い入れに加えて、当時の京都府政をリードしていたのは、明治初年の出仕以来、権大参事、大参事、参事を歴任し、福澤との間に深い親交があった槇村正直であった。そこで大阪慶應義塾が無事開業したのち、次の分校の候補地として京都があがったのであろう。明治七（一八七四）年一月四日付荘田平五郎・名児耶六都宛福澤諭吉書簡には、すでに福澤と槇村の間で「京都学校之義」について下相談ができ、分校開設の担当者として荘田が京都へ出向き詳細を固めるよう指示が書かれている。

開業時に作成された冊子体の印刷物『京都慶應義塾之記』によれば、「教授の方は文意を了解し義理を会得せしむるを主とし、敢て一定の教則を設けず、生徒学業の進歩に従て逐次に之を定むべし」とあり、学科は「英書、洋算、訳書の三類を設け、生徒の意に任せて一類数課或は数類兼学を許す」とある。大阪と異なり和算が抜けているのは土地柄であろうか。

開校場所については、京都府知事に提出した分校設立願には「京都下立売通新町西に入北側」とあり、その別紙には「此度慶應義塾社中の教員京都に出張して京都仮中学校内に教場を設け、之を京都慶應義塾と名《なづ》く」と書かれている。京都中学校は、明治六（一八七三）年六月に下立売釜座旧京都守護職邸内に教場を新築していた。その一角に間借りしたのである。同地には、明治十八（一八八五）年以来京都府庁が置かれることになり、現在も変わらない。その場所に慶應義塾創立七十五年にあたる昭和七（一九三二）年、京都慶應倶楽部によって**記念碑**が建立された。表には福澤諭吉の墨跡で**「独立自尊」**と刻まれ、またその下に当時の塾長林毅陸《きろく》による**「明治七年　京都慶應義塾跡」**の文字が刻まれている。側面には浮彫でペンのマークが配され、裏面には林塾長による「記念碑撰文」を刻んだ青銅板がはめ込まれた。

◉京都慶應義塾跡記念碑

十一月二十七日に除幕式が行われ、式後は京都府に寄贈された。

これらの分校は成功したかといえば、否といわざるをえない。大阪慶應義塾は入社帳(入学者名簿)が残っており、八十六名の入学者を得たことがわかるが、当初考えられていたよりはかなり少ないものであった。福澤も明治七(一八七四)年二月二十三日付の荘田宛書簡で早くも、大阪も未だ繁昌とはならないようだが、三、四カ月ではわからず、七月頃まで様子をみて、その時に処分を考えようと書いている。

不振の主な理由としては、第一に大阪にしても京都にしても、通学圏外の学生にしれみれば一旦家を離れるのであれば東京も同じことで、どうせなら教授陣も施設も充実している本塾を選んだのではないかと考えられること、第二に大阪、京都とも長期間赴任して運営や教授を担当できるいい人材が得られず、教授陣が頻繁に変わらざるを得なかったことがある。また荘田は大阪において、町人向けに「商用算及帳合の法」も授け「文学」を「商業」に結び付けたいと考えていたが、やはり商売人に学問は不要であるという気風が強かった。そして京都の場合は、間借りしていた京都中学校でも英語の授業が行われており、外国人による発音会話練習が重視され、読解力育成重視の義塾とでは教授法に大きな隔たりがあって、同居しながらも円滑な関係とはいかなかったことも要因と考えられよう。

徳島慶應義塾

結局大阪は約一年半で、また京都は約一年で閉校となった。このうち大阪については、不振に喘いでいた明治八(一八七五)年七月、徳島にある政治結社「自助社」から誘致の声が掛かった。のちに徳島慶應義塾の校長を務めた城泉

◉徳島慶應義塾跡記念碑(徳島県庁内)

太郎の日記によれば、その内容は、徳島へ移転するなら自助社より毎月百円の維持費を拠出するというものであった。慶應義塾ではこの申し出を受け、明治八年七月に大阪慶應義塾は徳島慶應義塾となった。徳島慶應義塾は明治九(一八七六)年十一月まで存続し、塾生は四十九名に達したが、うち四十人は大阪慶應義塾の入社帳に記載されており、徳島慶應義塾への記載は九名にすぎない。

徳島慶應義塾も所在地を正確に示すことができない。「名東県」に提出した分塾設立願によれば「名東郡富田浦三番地」とあり、先の城の日記には名東郡富田浦にある「東御殿」で「殿中ニ数個ノ教室アリ、生徒寄宿舎アリ、教職員ノ宿舎アリ、庭園マタ頗ル広闊ナリ、庭内ニ大弓ノ矢場あり、矢野等ト日々射的ヲ試ム」とある。施設の充実度を考えると、「東御殿」は旧藩主蜂須賀家のものではないかと思われる。「富田浦三番地」の表記が正しいとすれば、現在の万代町三丁目一番二にあたるそうだが、右記の状況などから考えて最も有力な説は、万代町三丁目五番一、徳島プリンスホテル本館の敷地内になり、平成十三年四月、徳島慶應倶楽部が中心となり、同地に**記念碑**が建てられた。黒御影石で造られたスパイラル型のモニュメントとステンレス製の銘板からできており、モニュメントは分校設立年の明治八年＝一八七五年にちなみ高さが一八七五ミリ、銘板には「独立自尊」と刻まれている。

その後、土地所有者の変更等で移転せざるを得なくなり、再び徳島慶應倶楽部の尽力によって現在は県に寄付され、県庁内に設置されている。

［西澤直子］

新田運動場

かつて、現在の東急池上線に「慶大グラウンド前」という駅があった。この駅名の由来となった**新田運動場**は、大正十五(一九二六)年から昭和九(一九三四)年の日吉グラウンド開場までの間存在した、慶應義塾所有の総合運動場であった。

慶應義塾の運動施設

福澤諭吉は、学問の追求と共に体育の重要性を早くから重視し、義塾がまだ新銭座にあった頃から、中庭を運動場として、そこにシーソー、ブランコ等の運動施設を整えていた。

さらに三田に移ってからは福澤が自ら乗馬、居合、米つき、散歩等を行い、絶えず運動を怠らぬばかりか、塾生にもさかんに運動をすすめて、さまざまな運動施設を備えつけた。また専門家を雇っていろいろな運動の指導を依頼していた。そのための施設として、初め三田山上の広場(現在の大学院棟の辺り)が運動場としてあてられていた。

しかし、明治二十年代以降、相次いで行われた校舎の増築のため、三田の校地が手狭となり、新たな運動場の設置が望まれ綱町グラウンドの開設を見たのである。それでも充分とは言えず、明治二十五年五月設置の体育会では新たな運動施設の入手が検討されていた。

新田運動場

大正十二年、当時塾長だった林毅陸の日記を見ると、候補地検分のため、六月十日に板倉卓造体育会理事や体育会幹部を伴って世田谷、玉川方面に出かけ、十一月八日にはまた板倉と寄宿舎舎監堀内輝美の両者と矢口村に、同月

◉新田野球場スタンドからの光景

十六日にはその両名に加え幹事石田新太郎を加えた四名で調布に出向いた。翌十三年三月の評議員会で、府下荏原郡矢口村の土地一万三千七百十坪を十四万七百三十円で購入することが承認され、整地の上諸設備を施して総合運動場とすることとなった。所在地は矢口村であったが、目黒蒲田電鉄の武蔵新田《にった》駅に近かったので「新田《にった》運動場」と呼ばれるようになった。

　この土地はもともと農地で多数の地主の所有するところであったが、順次買収を進め、水田区域の埋め立て用土の採取場として追加購入した五百四十一坪を加えて、計一万四千二百五十一坪の敷地を購入した。大正十四年三月から整地を始め、陸上競技用の四百メートルトラックに囲まれた蹴球場が大正十五年六月に完成し、蹴球部と競走部合同の運動場開きが挙行された。

　続いて、一万五千人収容の古いレールを組み立てた観覧席や鉄骨造防球網を備えた、当時としては完備された野球場が八月に完成した。竣工早々の八月二十八日にはフィリピン野球団を招いての球場開きの試合が行われた。昭和六年から東京六大学野球戦の全試合が神宮球場で行われるようになるまで、ここで試合が執り行われることもあった。また、野球部のOB会である三田倶楽部の寄付と義塾体育奨励会醵出による野球部寄宿舎も併設された。加えて昭和二年から八年に開かれた全塾運動会はこの新田運動場が会場であった。

腰本寿が監督を務め、大正十四年から昭和九年までの間に七回のリーグ優勝を経験した、塾野球部黄金時代はこの球場で培われた。大正十五年の秋リーグで、神宮で行われた初戦に六対四で早稲田が先勝した翌日の十一月七日、早慶第二戦は新田球場で開催され、二対〇で塾野球部が完封勝利している。因みに翌八日に早稲田の戸塚球場で開かれた第三戦は三対二で早稲田の勝利であった。新田球場で開かれた早慶野球戦の公式戦はこの一試合だけであった。

慶大グラウンド前駅

大正十五(一九二六)年八月六日、池上電気鉄道の慶大グラウンド前駅が開業した。近くに同十二年五月開業の光明寺駅があったが、当駅開業により後に廃止となった。これは、それに先立って同十二年十一月一日に目黒蒲田電鉄の新田駅として開業し、同十三年四月一日に武蔵新田駅と改称となった駅を使って新田運動場を利用する客を奪うための戦略であった。設置当初は東京六大学野球などが開催された場合のみに営業した臨時駅であったが、のちに正式な駅に昇格した。

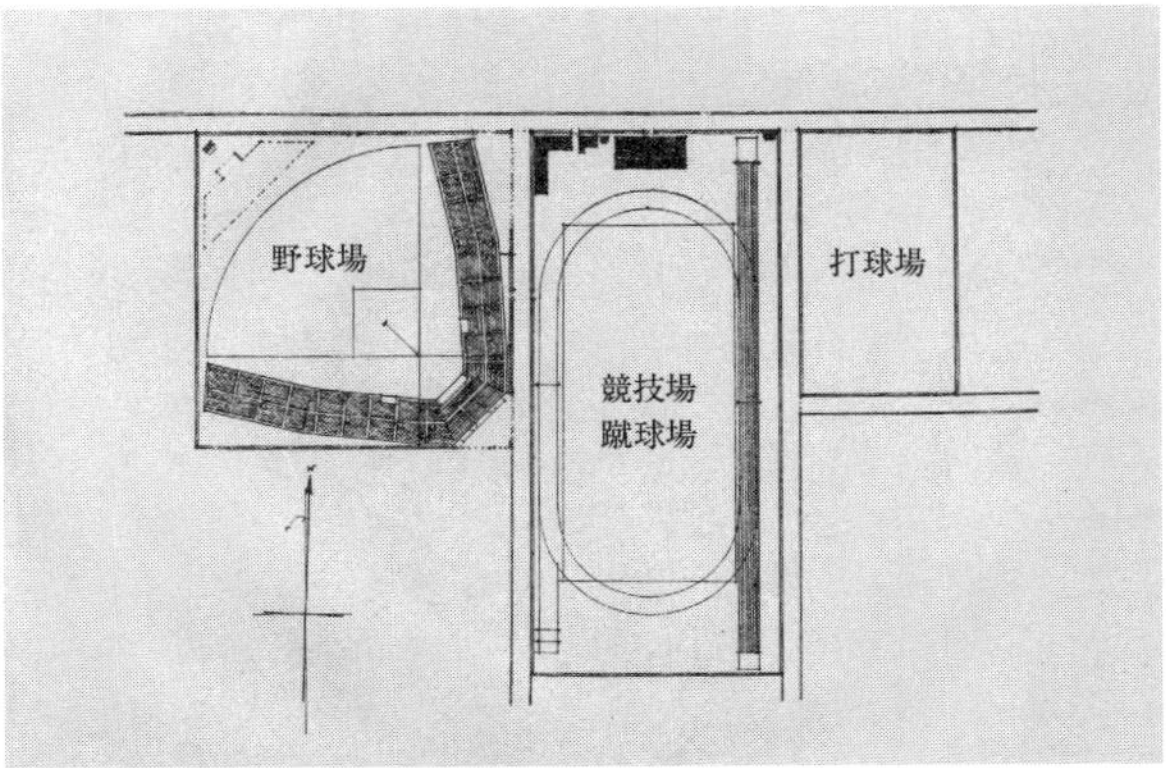

◉新田運動場平面図（『慶應義塾 75 年史』より）

当時の首都圏の各私鉄は旅客獲得に必死であった。池上電気鉄道と目黒蒲田電鉄も、その路線が並走していることから、激しい競争を展開した。まず、衆議院議員(後に貴族院議員)で実業家の高柳淳之助が支援する池上電気鉄道が、大正十一年十月六日に池上－蒲田間を開業した。池上本門寺への参詣客の利用を見込んだもので、事実開業直後に開かれた本門寺のお会式に多くの乗客が詰め掛け、順調な滑り出しを見せた。一方、翌十二年に目黒蒲田電鉄は、目黒ー蒲田間十三・二キロメートルの鉄道を全通させ、目蒲線と呼称した。その三年後の十五年七月に、矢口駅（現矢口渡駅）ー蒲田駅間に本門寺道駅が開業した。これにより、本門寺への新しいルートができ、参拝客の奪い合いを演じたのである。

　こうして本門寺をめぐって、参拝客を争奪し合った両社は、続いて慶應の新田運動場を巡って競合し始める。運動場の所在地は矢口であったが、最寄り駅が目蒲線の武蔵新田であったので、「新田運動場」と呼ばれるまでになったのであるが、もう一方の池上電気鉄道は、運動場から一番近い駅である光明寺駅までは、嶺鵜《れいてい》耕地整理組合（地元の字《あざ》であった嶺町と鵜の木の意）による耕地整理前のため、直結する道路がないという決定的な欠点があったのである。本門寺道駅開業の報復に燃えた池上電気鉄道は、光明寺駅の東の池上駅寄りに慶大グラウンド前駅を臨時駅として開業申請した。しかし、この初代の慶大グラウンド前臨時駅は、耕地整理の延期による道路整備の遅れから、新田運動場から池上線線路の最短地点には設置できなかったのである。その後、嶺鵜耕地整理組合内の事業地に駅の場所を確保し、移転と同時に臨時駅から昇格した。駅東側に接する南北を走る道路は、南方向に進むと、新田球場と陸上競技用トラックを有する運動場のちょうど真ん中に出るなど、立地条件も良くなったのである。正に最寄りの場所に駅の移転と恒久化を見たのであったが、今度は西の光明寺駅との距離が二百メートルほどに狭まるという新たな問題が発生してしまったのである。そこで池上電気鉄道は光明寺駅を廃止したのであった。

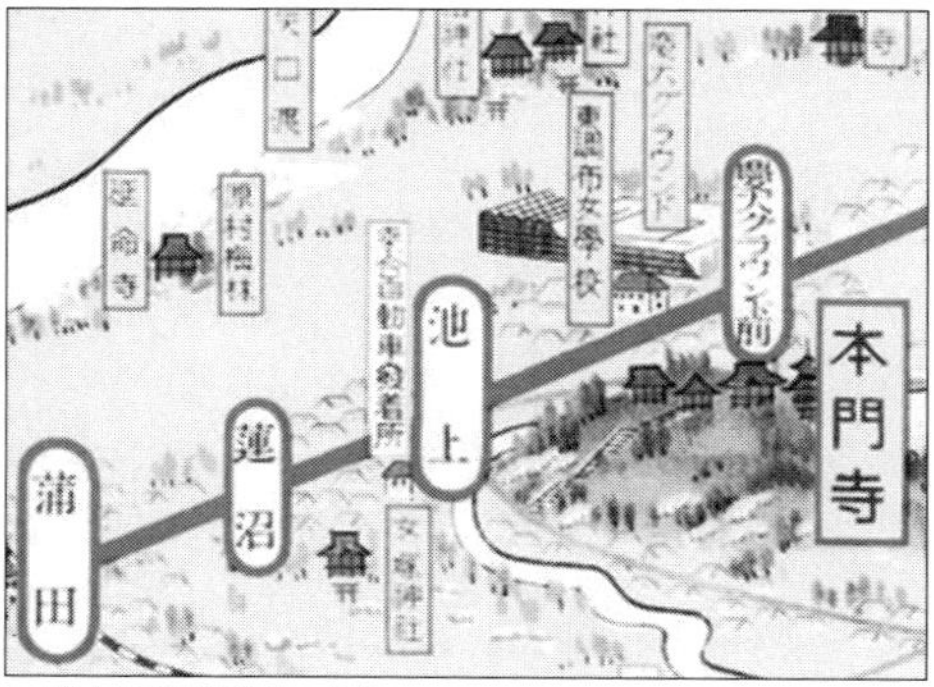

◉「池上電鉄沿線案内」より

運動場移転、駅名変更

その後、目黒蒲田電鉄を経営する五島慶太が「目蒲と池上電気鉄道の無駄な競合は避けるべきだ」と川崎財閥の川崎肇に直接掛け合い、昭和九年十月一日に池上電鉄は目黒蒲田電鉄に吸収合併された。それと期を同じくして、慶應義塾は日吉の新校地に新たなグラウンドを設けて、新田運動場の土地を手放したのであった。両社合併後の、同十一年一月一日に、本門寺道駅は道塚駅と改称、慶大グラウンド前駅は場所を元あった光明寺駅の東近くに戻し、当時の地名であった東京市大森区調布千鳥町に由来した千鳥町駅となったのである。

昭和十四年十月十六日、五島は臨時株主総会を開催し、社名を(新)東京横浜電鉄株式会社と変更し、東横線、玉川線(玉電)、目蒲線、池上線が同一の経営傘下に収められた。さらに、同十七年五月一日に陸上交通事業調整法の趣旨に則り、京浜電気鉄道、小田急電鉄を合併し、社名を東京急行電鉄株式会社(大東急)と変更した。加えて、同二十年四月の空襲で蒲田周辺が焦土地帯になり、蒲田駅も壊滅してしまった。そして、従来蒲田駅は池上線と目蒲線で駅が別の場所にあったが、池上線の駅に乗り入れる新線を建設することで運行を再開したことにより、道塚駅を含む旧線が廃止されたのである。

新田運動場跡地

日吉の新校地に運動場が設置され、新田運動場は売却されることとなり、昭和十一年十一月にまず観客席を、土地は同潤会に、同十三〜十四年にかけて売却された。同潤会は関東大震災の義捐金をもとに、内務省によって同十三年に設立された財団法人で、東京と横浜において住宅供給を行った。十六カ所の集合住宅「同潤会アパート」の建設で知られている。売却後、日中戦争中の同十四〜十五年に、職工向け住宅として同潤会が分譲した調布千鳥町住宅となり、工業地帯に進みつつあった当該地域に相応しい、工場勤め人向け住宅が建設された。

運動場跡地は、現在の東京都大田区千鳥二丁目のうち、十二番の西側部分、十三〜二十五番、二十九〜三十二番、三十五番、三十七番の北側部分にあたり、住宅地の中に保育園などがあるが、今日でも運動場の区画が建物の区画から読み取ることができる。

［大澤輝嘉］

修善寺

幼稚舎疎開学園

昭和十九年六月、太平洋戦争の戦局悪化により政府から「帝都学童集団疎開実施要領」が発表された。その内容は、三年生以上の生徒を対象に、まず学童の縁故疎開を奨励し、そうではない者は集団疎開に参加させるというものだった。幼稚舎でも政府の方針に従って、集団疎開が計画され、同年七月末、渋谷区より静岡県田方郡修善寺町（現伊豆市修善寺）を疎開地に指定してきた。

幼稚舎では、早速、修善寺を訪れ、参加希望者の約三四〇名を一つの旅館で収容できるという理由で、菊屋を宿舎とすることで契約したが、学習院初等科が菊屋を希望し、幼稚舎は**野田屋**（四〜六年慶組）、**仲田屋**（三〜六年應組）、**涵翠閣（あさば旅館）**（六年美組、三年慶組）の三館に分宿することになった。

疎開児童は、疎開先の国民学校に帰属することになっていたが、修善寺国民学校は、大森区、蒲田区の国民学校の児童が帰属していたため収容不可能になり、北方約二キロの**下狩野**《しもかの》**国民学校**に帰属した。私立小学校が冷遇されていた時代である。

同年八月二十五日、幼稚舎で小泉信三塾長を迎えて出発式を行い、恵比寿駅から列車に乗り込み、正午過ぎに修善寺に到着、疎開学園が始まった。

翌二十年四月には、新一、二、三年生も集団疎開に参加することとなり、縁故疎開者を除き、幼稚舎は全て修善寺に移ることになった。宿舎は野田屋（四〜六年應組、五年慶組）、涵翠閣（一〜三年、四・六慶組）の二館となった。

三島駅から伊豆箱根鉄道駿豆線で約三十五分、終点修善寺駅に着き、駅から四キロの地に修善寺の町がある。狩野川の支流、桂川の両岸に開けた修善寺は、大同二（八〇七）年空海が開いたと伝えられる名刹修禅寺と弱アルカリ単純泉の良質な温泉が有名で、東京から交通至便なこともあり、今も多くの人が訪れている。

幼稚舎の宿舎になっていた三つの旅館は、現在どのようになっているであろうか。

まず第一学寮であった野田屋は、修禅寺から渡月橋で桂川を渡った左側、菊屋と離接する地にあった。経営者が代わり「渡月荘金龍」として疎開当時の建物で営業していたが、平成十五年火災で焼失し、現在**「月の庭」**という駐車場になっている。今回、修善寺のことについて御教授頂いた野田和敬氏（慶應義塾大学昭和五十四年卒・ＢＲＢ勤務）は、疎開当時の野田屋の主人野田八太夫さんのお孫さんに当たられる。

第二学寮の仲田屋は、修禅寺前の独鈷の湯の桂川対岸にあり、経営者も代わり、**「湯の宿　花小道」**という旅館になっているが、建物は当時のままで、屋根瓦に「仲田屋」の「仲」の字を見ることができる。

「湯の宿　花小道」の前の道を上っていくと左手に第三学寮の涵翠閣があり、**「あさば」**という名の高級旅館として、今も旅館を営んでいる。涵翠閣は、かつて修禅寺前にあっ

◉あさば（涵翠閣）

◉湯の宿　花小道

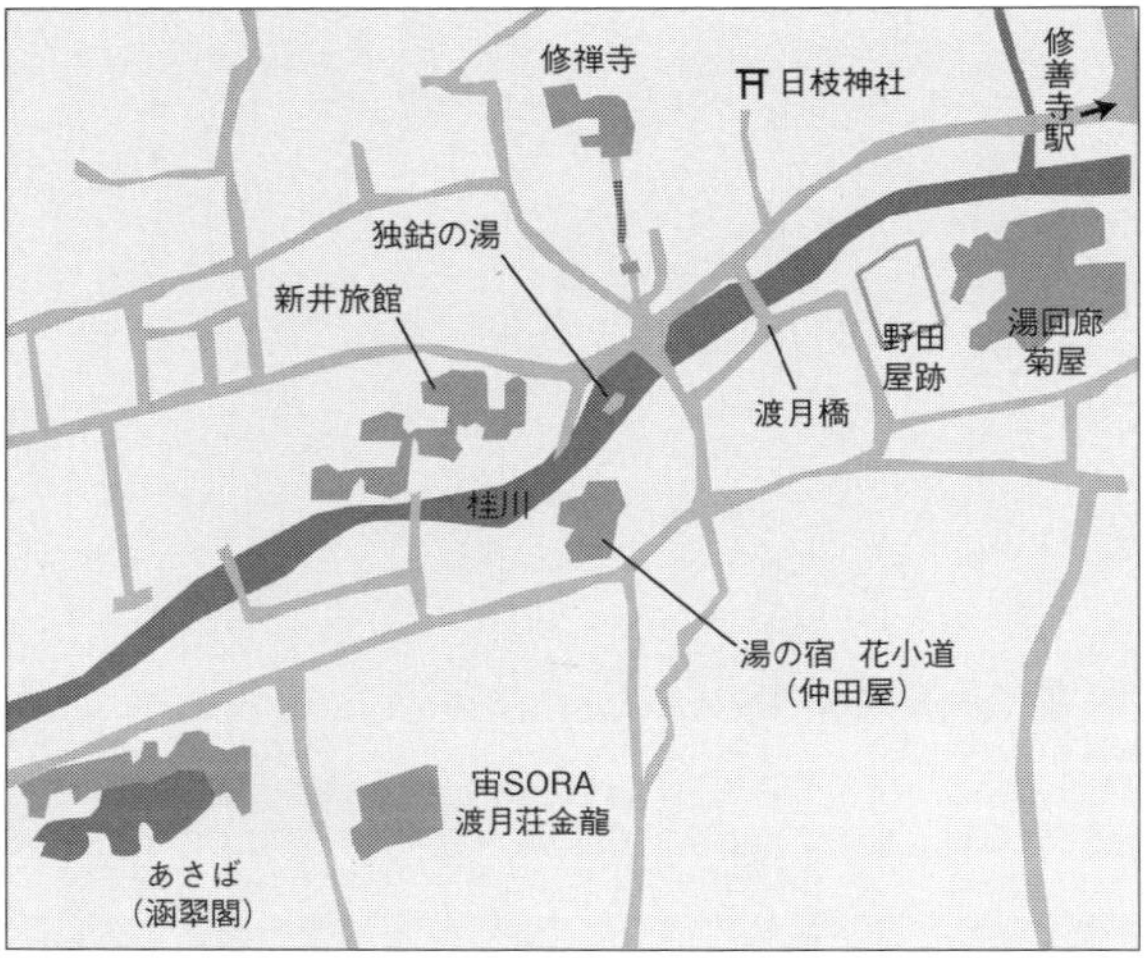

◉修善寺関係地図

た「あさば」という本館に対しての別館としての名であった。

「あさば」は、延徳元（一四九八）年創業で、現在の御主人は、疎開当時の主人靖のお孫さんに当たられる浅羽一秀氏で、中等部から慶應に学ばれている。

唐破風の屋根の玄関をくぐると、池に能舞台が浮かぶ庭が目の前に広がり、どの客室からもこの庭を眺めることができる。実に心落ち着く風景である。建物はリニューアルされて古さを感じさせないが、昭和六年建設のものである。疎開当時、池に面した所は大広間であったが、今は客室になっている。温泉は源泉かけ流しで、庭に面した露天風呂は、絶妙な湯加減と心安らぐ風景で、至福の一時を過ごせる。御膳も美味で、もてなしの心配りも素晴らしく、それなりの料金であるが一度は泊まりたい宿である。

当時、幼稚舎主任（舎長）であった福澤諭吉の孫清岡暎一は、体調を崩し**新井旅館**に静養中であった。新井旅館は、修禅寺の前を過ぎた左側にあり、多くの文人、墨客が訪れている由緒ある宿である。明治、大正、昭和初期の建物が連なり、平成十年国の登録有形文化財に登録され、宿泊客でなくとも館内ツアーに参加することができる。

疎開学園での日課は、六時に起床し、まずは草履を引っかけて**日枝神社**に駆け足。日枝神社は、修禅寺に隣接し、元は修禅寺の山王社であった。

木立に囲まれた社に、夫婦でくぐると子宝に恵まれるという夫婦杉の大木や、源範頼が幽閉された信功院跡がある。朝食後、三寮、修禅寺に集まって、朝礼、ラジオ体操を行った。**修禅寺**は、源頼家が幽閉され、岡本綺堂の戯曲「修禅寺物語」の舞台となり、紅葉の名所としても知られている。修善寺の中心地というべき場所である。

午前中は、各寮の大広間にて座学、午後は**下狩野国民学校**の空いた教室を利用して、授業を行った。下狩野国民学校（小学校）は、狩野川の河岸段丘、本立野の集落にあり、明治八（一八七五）年創立の古い学校で、昭和五十年から**修善寺東小学校**と名称を変更し、現在に至っている。

東小学校は、現在修善寺から越路トンネルをくぐって行くが、疎開当時はトンネルがなく、幼稚舎生は越路峠を越えて、片道二キロの道のりを毎日歩いていった。私は、「幼稚舎疎開学園の歌」などを歌いながら歩いて行ったという記述から、なだらかな丘陵の峠越えをイメージしていたが、山は急峻で、峠越えというよりはむしろ山越えという感じである。当時、地元の人でも、お祭りの時以外、峠越えをする人はいなかったという。

今回、東小学校を訪ね、疎開当時、当校の五年生で、後に東小学校の校長をも務めた鈴木四八郎氏に話を伺った。

「幼稚舎生は午後来たので、姿を見たことはなかった。幼稚舎が本をたくさん持ってきて、購買だったところが図書室になり、我々にも貸し出してくれた。リンカーンの伝

◉修禅寺

◉修善寺東小学校

記など、いろいろな本を読めたことが印象に残っている。体育の先生が手旗信号を教えてくれた。幼稚舎生が素晴らしい劇やピアノ連弾を披露してくれた」という話であった。なお、平成二十六年、幼稚舎の書庫から「慶應義塾幼稚舎疎開学園」の蔵書印が捺印されている本が七十二冊見付かった。

食糧確保に追われていた修善寺での疎開学園は、米軍の駿河湾上陸の危険性などから青森県西津軽部木造《きづくり》町に再疎開を強いられ、昭和二十年六月三十日に修善寺を発った。

慶應義塾では育林事業に取り組んでおり、全国に慶應義塾の森があるが、疎開をしたゆかりの地ということもあり、沼津で呉服店を営む井草實氏から土地を提供して頂いて、ラフォーレ修善寺の奥(伊豆市修善寺字船久保)に**「幼稚舎の杜」**(約一・二ha)がある。修善寺で生まれ育った井草さんが、慶應高校に入学した時、級友に幼稚舎の修善寺疎開学園に参加した者が二名おり、また井草さんは、浅羽さんと三代にわたる姻戚関係があるということから修善寺疎開学園と浅からぬ縁を感じる。

平成十一年三月から幼稚舎の高学年生三〜四十名が毎年、現地に赴き、地元の田方森林組合の協力を得て、植林を行い、現在クヌギ一八五〇本、コナラ四〇〇本が植えられている。植林の際、シイタケの菌打ちも行っており、現在は、当初に植林をしたクヌギを伐採し、これを原木にして菌を打ち、二年前に菌を打った原木からシイタケを収穫している。

修善寺に疎開をした卒業生から「再疎開をした木造に幼稚舎疎開の碑があるので、修善寺にも碑がほしい」という声があった。このことを耳にした浅羽一秀氏が、修禅寺の吉野真常住職に、境内に幼稚舎の碑を建てることについて伺うと、快諾をして頂き、修善寺にも**「慶應義塾幼稚舎疎開学園の碑」**を建立することになった。

幼稚舎卒業生、『慶應義塾幼稚舎疎開学園の記録』を読んで感銘を受けた方々の寄付によって、修禅寺境内宝物館前の植え込みに碑を建立し、平成二十九年九月七日、長谷山彰塾長、清家篤前塾長、あさば・野田屋・仲田屋の子孫の方、疎開世代の卒業生の方、幼稚舎教員、幼稚舎生代表など約八十名が参加して除幕式を行った。

碑は、幼稚舎造形科日向野豊教諭がデザインし、揮毫は浅羽一秀氏にお願いした。基壇に桂川の流れを表す枯山水をつくり、松が自生した溶岩石を川中に湧く独鈷の湯とし、そこに当時の幼稚舎生をイメージした自然石の碑が置かれている(口絵参照)。

[加藤三明]

みちのくの史跡を訪ねて

能代・弘前・木造

木都の父　井坂直幹

秋田駅から奥羽本線を特急で北上すること約一時間、東能代駅に到着する。能代市は、秋田杉の集積地として栄え、「木都　能代」と呼ばれているが、「木都の父」といわれているのが井坂直幹《なおもと》である。

彼は万延元（一八六〇）年、水戸藩の下級武士の家に生まれる。明治十四年、福澤諭吉と同郷で門下生である茨城師範学校長松木直己の推薦で、慶應義塾に入学する。自叙伝に「明治十四年春、（福澤）先生の家に寄宿し、先生より学資を給せられて、なに不足なく三カ年の課程を卒うることを得たるは、ひとえに松木氏の推輓《すいばん》と先生の殊遇によるものとして実に終生忘るべからざるの恩義とす」「自分の性格が多少世のいわゆる紳士、紳商とその撰を異にするところあらば、これひとえに少時水戸において武士的な教育を受けたると、その後福澤先生に従して、その偉大なる人格の感化を蒙りたるによるものならん」とある。明治十六年九月より十二月までの慶應義塾勤惰表を見ると、総合成績点でトップであり、簿記は百点満点である。

明治十七年、福澤が主宰する時事新報社に入社し、編集・翻訳を担当する。明治二十一年林産商会に入社し、能代支店長として赴任するも林産商会解散、久次米商店能代支配人となるも閉店。明治三十年、独力で木材業に従事することを決意して、能代材木合資会社、能代挽材合資会社を設立する。

それまでのノコギリなどを用いた木挽製材という伝統的手法から、英国から機械を輸入し機械製法という近代的手法へと転換したことから、製品は次第に声価を高めて全国市場を席巻した。そこで明治四十年にはそれまでの会社を統合して、秋田木材株式会社（秋木）を設立し、東洋一の会社に発展させた。

彼は製材業に留まらず、製材機械の製作や電気事業に携わる。社員の福利厚生にも力を入れ、社員の親睦会を作ったり、労働時間を短縮して労働組合結成を促したり、社員教育を目的とした私立巡回図書館・扇井文庫を設立したりした。死期を悟ったときには、井坂奨学会を設立し、地元の向学少年に学資を貸与し有為の人材として世に送り出した。

◉井坂直幹君之像

東能代駅から五能線で一駅、能代駅から徒歩十分、**井坂公園**(能代市御指南町)がある。ここはかつて井坂邸があったところで、井坂邸の土蔵を利用した**井坂記念館**がある(四～九月、火・木・土開館)。元は敷地北側にあったが、昭和四十七年、記念館開館に際し、現在の地に移設した。一階は能代地方の木材産業史資料、二階は井坂直幹の人と事業の資料が展示されている。公園内には、大正十一年に造られ、戦中の金属供出の厄に遭ったが、昭和四十四年に再建された**「井坂直幹君之像」**がある。

彼は大正十年七月二十七日、六十歳で逝去、墓所は能代の萩の台墓地公園と多磨墓地(一六区一種一九側)にある。井坂邸に隣接して、広大な敷地を有していた秋木であるが、輸入材などに押され、昭和五十九年に新秋木工業株式会社として再生、工場は全て秋田市向浜臨海地区に移転している。

東奥義塾と菊池九郎

福澤諭吉が、英国のパブリックスクールの訳語とした義塾を「慶應義塾」として使用し始めると、校名に義塾とつける学校が陸続と現れ、百数十になった。その中で、当時から義塾を使用して現存している学校は、弘前の**「東奥義塾」**ただ一つであろう。その創始者が菊池九郎である。

彼は、弘化四(一八四七)年、津軽藩百石取りの武家の家に生まれ、十二歳で藩校稽古館に入学。明治二年七月、二十三歳の時、藩主津軽承昭の上京に随行して慶應義塾に入塾し、英学を修める。同三年、藩主に命じられて鹿児島に留学するため、慶應義塾を退塾する。

同五年、福澤門下の吉川泰次郎と同郷で慶應出身の成田五十穂、鎌田文治郎と弘前の地に私立洋学校を創立し、これを慶應義塾に倣って「東奥義塾」と名付けた。津軽承昭から資金援助を受け、敷地も藩校稽古館跡を与えられた。学校制度、規則、カリキュラム、教科書は慶應義塾を参考にし、さらに慶應義塾を範に、当初から外国人教師を招聘し、その影響で彼も洗礼を受け、東奥義塾もやがてミッションスクールとして成長していく。彼は、自由民権運動が起こると政界に入り、弘前市長、衆議院議員（一～九期）、山形県知事、農商務省農務局長を歴任する。かたわら、社会の発展のためには、論評無私たるところの新聞が必要だとして、同二十一年、「東奥日報」を創刊する。

しかし、東奥義塾は、二度の火災による財政難とキリスト教への弾圧によって、同三十五年、弘前市立弘前中学東奥義塾となり、同四十三年には青森県立となるが、大正二年に廃校となる。菊池ら元教員と卒業生による再興の思いによって、同十一年、再び私立学校として開校する。

昭和六十二年、**東奥義塾高等学校**は追手門前の下白銀町二から、奥羽本線石川駅近くに移転した。東奥義塾跡地は、弘前市市制百年を記念して平成二年、旧東奥義塾外人教師館、旧弘前市立図書館、観光館、郷土文学館、体育館などが置かれた追手門広場という文化施設地域に生まれ変わった。

◉旧東奥義塾外人教師館

明治三十三年に建設された**旧東奥義塾外人教師館**は、前年に焼失した外人教師館に代わって建てられた木造洋館で、昭和四十五年までは歴代の外国人教師が使用していたが、今は外国人教師の歴史や写真、古い時代の家具や調度品が展示・公開されている。この広場には、「津軽藩校稽古館跡地」「東奥義塾跡地」「弘前市市制百周年記念追手門広場」の三つの銘板がはめこまれた碑がある。

菊池は、大正十五年一月一日、七十八歳で逝去し、東奥義塾にてキリスト教による塾葬が施行され、藩祖津軽為信の御霊屋がある津軽山革秀寺に埋葬された。弘前城追手門から三の丸に入り、二の丸に渡る杉の大橋の左手前に、彼を顕彰するため昭和九年に建立された**「菊池九郎先生碑」**がある。

木造　幼稚舎疎開学園の碑

弘前から五能線で一時間弱、岩木山を望む木造《きづくり》駅に到着するが、駅から徒歩十分の**銀杏が丘公園**に**「慶應義塾幼稚舎　疎開学園の碑」**がある（口絵参照）。

太平洋戦争の形勢の悪化により、幼稚舎では昭和十九年八月、三年生以上の希望者三四〇名が伊豆修善寺にて集団疎開を始めたが、米軍の伊豆半島上陸の危険性から再疎開の命令が出され、昭和二十年七月二日から十月十七日まで一四〇名の幼稚舎生が、青森県西津軽郡木造町（現つがる市木造）で生活した。

木造では**慶應寺**、**西教寺**、旧制木造中学寄宿舎の三カ所に分宿した。三年慶組と一、二年生の宿舎となった慶應寺は、つがる警察署裏に位置し、本堂は既に建て替えられているが、規模、形状に大差はなく、龍が彫られた欄間は当時のものである。経蔵は移動したものの、経蔵と鐘楼は当時のままである。お寺の名前が慶應というのもこれまた不思議な縁である。

慶應寺の隣にある西教寺は、四年生と三年應組が宿舎としていた。西教寺の本堂は、幼稚舎生が寝泊りしていた当時のままである。五、六年生が利用し、本部となっていたのは旧制木造中学寄宿舎である。旧制木造中学の地は、現

◉慶應義塾幼稚舎疎開学園の碑がある銀杏が丘公園

在、銀杏が丘公園として市民の憩いの場となっており、講堂だけが、**木造中央公民館講堂**として現存し、レトロな雰囲気を漂わせている。敷地の北隅、今は更地になっている所が、寄宿舎があった場所である。なお、木造という地名は、新田開発を行う際に、ぬかるんで物資の運搬がままならなく、材木を敷いて道路を作ったことによるが、この公園はかつて津軽藩の木作御仮屋代官所が置かれていた場所で、四代藩主・津軽信政が貞享元(一六八四)年に手植えをした幹周り七メートル・樹高二十メートルの大銀杏が今も葉をたわわに茂らせている。

公園の西隅に、平成二十一年十月十七日に除幕式が行われた「慶應義塾幼稚舎　疎開学園の碑」がある。この碑は、疎開学園参加者を中心とする幼稚舎卒業生の浄財によって完成したもので、デザインは横河設計工房の横河健氏、石の手配は(株)悠石の木倉浩智氏と、両卒業生が手がけ、揮毫は元幼稚舎習字科教員の書家竹中誠子氏が行い、まさに舎中の協力によって生まれた碑である。

横河氏は、「明るいライトグレーの直方体の大島石をほんの少し傾けて上目遣いに寝かせてみた……ちょうど幼稚舎生が日向で頬杖をつきながら寝転んでいるように……そんな平和のまどろみが続けば良い、こんな思いでデザインさせて頂いた」と語っているように、シンプルではあるが、あまり目にしたことがない上品な碑である。そして「(略)食糧、物資不足の中、地元の方々の御厚意によって全員無事に、同年十月二十日帰京した。木造町への感謝と、戦争のない平和な社会を祈念して疎開参加者ならびに卒業生の寄付によりここに碑を建立する。」と記されている。弘前三田会の方々が、年一回清掃活動をして下さっている。

ちなみに幼稚舎生が帰属し、午後に勉強に通った**向陽小学校**(当時は国民学校)は、銀杏が丘公園から約一キロのつがる市木造千年《ちとせ》二六ー七の地(現在は誘致企業の敷地)にあったが、昭和四十六年に銀杏が丘公園の東側(木造日向《ひなた》六十二ー二)に移転した。向陽小学校の創立は明治六年で、幼稚舎より一年前に設立された歴史ある小学校である。

［加藤三明］

福澤諭吉と演劇
三つの劇場と三人の歌舞伎役者

三年の工事を終え建て替えられた歌舞伎座が、平成二十五(二〇一三)年に開場して以来、連日盛況である。ところで福澤諭吉は五十を過ぎるまで、芝居らしい芝居を観たことがなかった。それまでは、少年のとき中津城内の能舞台で田舎芝居を観たのと、適塾時代に道頓堀で五代目海老蔵の舞台を二、三幕観たのとの二度限りであった。

東京での初観劇

明治二十(一八八七)年三月二十一日、福澤は家人と共に新富座で、明治期の東京劇壇の三大名優と呼ばれる、九代市川団十郎、五代尾上菊五郎、初代市川左団次が共演する、「正直清兵衛」、「太田道灌」、「戻駕《もどりかご》」などを観劇した。福澤はいたく感動したようで、このときのことを以下の七言絶句で表している。

誰道名優技絶倫
先生遊戯事尤新
春風五十獨酔客
却作梨園一酔人

(誰か道《い》う名優の技は絶倫なりと/先生の遊戯事尤《はなはだ》新たなり/春風五十独酔の客/却って梨園の一酔人と作《な》る)

これを機にまさしく「梨園の一酔人」になった福澤は、演劇への関心を高め、足繁く劇場に通うようになり、また『時事新報』紙上で演劇に関する社説や漫言を次々と発表するようになった。

時勢も西欧化の風潮の中で、同十九年八月、政府の肝いりで演劇改良会なる組織が結成されるなど、演劇改良運動が政治家や経済人によって展開されていた。福澤の東京での初観劇の翌四月、麻布鳥居坂の外務大臣井上馨邸に設けられた仮設舞台で天覧歌舞伎が催され、梨園の地位は一気に向上した。井上邸での天覧歌舞伎から百二十年目にあたる平成十九年四月、井上邸跡地にある国際文化会館で行われた松竹大歌舞伎の「勧進帳」を今上天皇が鑑賞した。

新富座・歌舞伎座・明治座

新富座は明治八年、京橋区新富町六丁目三六・三七番地（現中央区新富二丁目六番一号）に守田座を改称して設立された株式会社組織の劇場で、同十一年六月、ガス灯などを配備した近代劇場を新設し大々的な洋風開場式を行った。太政大臣三条実美をはじめ各外国公使らも貴賓として開場式に招待された。

九代団十郎による活歴が行われるなど、明治時代中期の演劇改良運動の場となった。活歴とは、歌舞伎で在来の時代物の荒唐無稽を排し、史実を重んじて歴史上の風俗を再現しようとする演出様式のことである。新富座は関東大震災で被災後、再建されずそのまま廃絶した。現在は京橋税

◉新富座［大正年間］（当時の絵葉書より）

◉初代歌舞伎座［明治後期］（当時の絵葉書より）
明治 40 年の修繕改築後の様子

務署と東京都中央都税事務所が建っている。義塾出身者が経営陣に加わることも多かった。

歌舞伎座は、新富座などに対抗する形で福地源一郎と金融業者の千葉勝五郎の共同経営で、明治二十二年、東京市京橋区木挽町《こびき》(現中央区銀座四丁目十二番十五号)に開設された。照明には当時最新技術だった電灯を採用するなど、それまでの劇場をはるかにしのぐ近代劇場となり、これを危惧した新富座、中村座、市村座、千歳座が「四座同盟」を結成して開場当初の歌舞伎の興行に掣肘を加えるという一幕もあり、当初は激しい役者の奪い合いが行われたそうである。震災、戦災などで建て直しを繰り返し、平成二十五(二〇一三)年、五回目の改築となった。

◉「風船乗評判高楼」チラシ［慶應義塾福澤研究センター蔵］

明治二十三年十月、イギリス人曲芸師パーシバル・スペンサー(SPENCER, Percival Green)が、大観衆を前にガス気球に乗って遥か上空まで揚がり、落下傘に乗り換えて帰還する芸を日本各地で披露し話題になった。翌二十四年一月、歌舞伎座でこれを題材にした一幕二場の「風船乗評判高楼《ふうせんのりうわさのたかどの》」が上演された。劇中、福澤の発案で気球乗りスペンサーを演じる五代菊五郎に英語の演説をさせようと思いつき、早速素案を作成し、親しいユニテリアン派の牧師マッコーレーのチェックを受けて提供した。発音指導は福澤の甥で、アメリカに留学して風刺漫画を学んできた今泉秀太郎が担当した。また気球が揚がるときに時事新報のチラシを客席に撒いてもらうというタイアップも手掛けた。

明治座は、明治六年、日本橋久松町(現中央区日本橋浜町二丁目三一番一号)に喜昇座《きしょうざ》として創建された。初期には焼失と再建を繰り返しながら成長し、その度に名称も久松座、千歳座と目まぐるしく変っていった。明治二十六年に初代左団次が千歳座を買収して座元となり、これを明治座と改称し、現在に至っている。福澤が明治座で観劇した記録は三回残っている。福澤にとっての観劇は、社交の一つでもあった。芝居見物のときは家族や縁者、知人を誘っていくことがほとんどであった。

◉「団菊左」の３人。左から九代市川団十郎、五代尾上菊五郎、初代市川左団次

団菊左との交流

九代団十郎、五代菊五郎、初代左団次は、「団菊左《だんぎくさ》」と呼ばれる名優であった。福澤は彼らを三田の私邸に招いては、食事をしたり芸談を交わしたりするほどの仲になった。明治二十三年七月八日付山口広江宛書簡に、団菊佐との交流を述べ、「何藝にても日本一と申者は微妙に入るもの多し」と記している。

福澤は、東京での初観劇の翌年の明治二十一年に、団十郎を主役にした歌舞伎の脚本を書き下ろした。「四方《よも》の暗雲《くろくも》浪間の春雨」と題する全十幕のこの作品は、ゼルマニア皇室の皇女、安那《あんな》姫の危機を救った波蘭《ぽーらん》国の太子歴山《れきざん》公子との恋物語が発端で、イギリス、ロシア、フランスなどの国際情勢をからませ、大宰相美寿麿公《みすまろこう》の苦衷を中心に、国際スパイの暗躍、電信技手の暗号解読などの面白い筋立てで、結局は勧善懲悪で、若い貴公子と皇女との悲恋はハッピーエンドになるという筋書きである。主役ビスマルクには団十郎、女王は福助と、配役まで決まっていたが、なぜか上演されずに終わってしまった。

明治二十五年二月、左団次が故郷の大阪難波座に初出演の際、福澤に地元での斡旋を頼むと、福澤は門下生で大阪毎日新聞の重役であった高木喜一郎宛てに紹介状を書いている。「但し左團次が福澤の書を持参云々は新聞紙上へ御記載無之」と気を利かせ、また「役者の添書まで認《したた》めねばならぬとは老翁亦困る哉」とも記している。

さらにこれを聞き及んだ菊五郎が、同じく大阪での斡旋を頼むと、同じく高木に「謝絶する譯にも不参」と紹介状を書いている。団十郎は三歳、菊五郎は八歳、左団次は七歳それぞれ福澤より年下で、交流は晩年まで続いた。

九代団十郎には男子がなく、二人の娘にも梨園の関係者との結婚を勧めることもなかった。長女実子は、日本橋の商家に生れ、慶應義塾に学び、日本通商銀行に勤務していた稲延福三郎というサラリーマンと恋愛結婚し、福三郎は市川宗家の婿養子になった。その後、役者を志して上方や旅芝居で修業し、大正六年、五代目市川三升を襲名した。

二十八歳で銀行員から転職して歌舞伎役者となった経緯から、口跡が特異で芸も堅く、大向うからは「銀行員！」と掛け声がかかるほどであった。団十郎不在の市川宗家にあってその代つなぎとしての自覚は強く、九代目死去後は絶えていた歌舞伎十八番を次々に復活上演し、その半生を意欲的な舞台活動と研究に費やし、市川宗家の家格を守り抜いた。歿後に十代団十郎を追贈された。

帝国劇場

福澤諭吉は、劇場の創設を考えていた。明治二十六年十一月五日付の塾員荘田平五郎宛ての書簡に、「府下に新たに劇場を設けて、一切の旧弊を除去し、芝居をもって学者士君子の業に帰せしめんとするの企てにて、(中略)ただ必要はその劇場の地をえらび、場を建築することなれども、そのこと甚だ易からず。旧劇場のある処には、茶屋そのほかの有形物共に、無形の旧弊風を存して、とても意の如くならず。よって丸の内の一区をもってこれに用いたく、これについては百事試みにお話致したき」と、三菱が広大な敷地を取得し、オフィスビルの建設を始めていた丸の内に劇場を作るという計画であった。

日清戦争の勃発でこの計画は一旦中断するが、明治四十四年、福澤歿後十年にして、益田太郎、西野恵之助、渋沢栄一、荘田平五郎、福澤捨次郎、福澤桃介、日比翁助、田中常徳、手塚猛昌が発起人となり、大倉喜八郎が采配を振って設立された本邦初の西洋式演劇場として丸の内に開かれたのが、お堀端の**帝国劇場**であった。

［大澤輝嘉］

北海道の開拓者（上）

依田勉三

依《よ》田《だ》勉三《べんぞう》は、嘉永六（一八五三）年伊豆国那賀郡大沢（現静岡県賀茂郡松崎町）の豪農の家に生まれ、明治三年に上京、同七年に慶應義塾に学ぶ。福澤諭吉の影響を受け、北海道開拓の志を立てるが、胃を病み、二年在学の後、退学し帰郷する。同十二年、兄佐二平は豆陽学校を設立した。勉三も設立に尽力し、そこで教鞭をとっていた。

勉三の生家は、伊豆急行線蓮台寺駅からバスで三十分、大沢温泉入口バス停の近く（賀茂郡松崎大沢）に現存している。依田家の子孫が昭和三十六年から「依田之庄　大沢温泉ホテル」として営業していたが、平成二十七年に廃業、現在は**「旧依田邸」**として町所有となって、土日のみ見学が可能となっている。主屋は築三百年といわれる庄屋屋敷で、一辺一尺八寸（五五センチ）の黒光りした欅の大黒柱がある。裏には道具蔵、米蔵、味噌蔵と南伊豆に多く見られるなまこ壁の三連の蔵がある。これらは平成二十二年に静岡県指定有形文化財（建造物）に指定された。

豆陽学校はやがて県立の旧制中学校となり、戦後は静岡

◉旧依田邸（依田勉三生家）

県立下田北高校と改称。平成十六年に敷地内に**依田佐二平・勉三の胸像**が建立された。下田北高校は、平成二十年に下田南高校と合併し、下田北高校の跡地に下田高校（蓮台寺駅より徒歩十五分）として開校したが、胸像はそのままである。

帯広

明治十四年、北海道開拓の夢を捨て切れない勉三は、単身北海道に渡り、開拓のための調査を行い、十勝に目をつける。翌年、未開地一万町歩（約一千万㎡）の払い下げを受けて開墾をするため、兄佐二平はじめ親族等を発起人として晩成社を設立し、当時、アイヌ十戸、和人一戸の集落であった十勝のオリベリ（現帯広市）を開墾予定地とする。同十六年、十三戸二十七人が帯広に入植するが、天候不順の上、鹿猟の野火、イナゴの大群、兎・鼠・鳥などに襲われ、殆ど収穫をすることができず、惨状を極めた。

◉依田勉三の銅像（中島公園）

帯広の晩成社跡地であった帯広神社前の中島公園には、**「依田勉三の銅像」**が立つ。帯広出身の歌手中島みゆきの祖父で、帯広商工会議所会頭、帯広市議会議長を務めた中島武市が、土地と銅像建立の費用を負担して昭和十六年に完成したものである。太平洋戦争の金属供出に遭ったが、昭和二十六年に再建された。

銅像より東八百メートルの地、国道三八号と南五丁目通が交差する所に**「開基明治十六年　帯広発祥の地」の碑**（昭和四十一年建立）が立っており、入植者たちが豚と同じものを喰っていたという意の勉三の歌、

「開拓の　始めは豚と　一つ鍋」が裏面に刻まれている。

碑の傍に「依田町」という町名もある。

晩成社当縁牧場

明治十九年、食糧不足を打開するため、帯広から四十キロも離れた当縁《とうべり》郡当縁村生花苗《おいかまない》（現広尾郡大樹《たいき》町《ちょう》晩成）に酪農

◉晩成社史跡公園の勉三住居　正面

を主とした千七百ヘクタールの農場を開設した。蒸気機関を利用した工場も建設し、現在十勝の名産となっている牛肉、ハム、バター、練乳、そして大和煮などの缶詰を生産するが、販路の確保が困難で、しかもまだ需要が少なかったこともあって、これらの先進的事業は赤字を増やすだけの結果となった。開墾も当初十五年で一万町歩という目標であったが、十年掛かってやっと三十町歩という状況であった。

　国道三三六号から生花《せいか》郵便局角を生花苗沼《おいかまないとー》へ向かい、その途中にある人里離れた当縁牧場跡は、**晩成社史跡公園**として整備されている。半地下式のサイロ跡、井戸跡、室跡があり、明治二十六年から大正四年まで勉三が住んでいた住居が平成元年に復元された。四畳ほどの居間と土間、物置、風呂場しかない粗末な家である。

途別農場

　また明治二十八年頃から、帯広から約八キロ離れた幕別《まくべつ》

◉きまり小屋

村（現中川郡幕別村依田）に途別《とべつ》農場を開き、水稲の試作を重ねた。冷害、凶作で殆どの小作人が去ってしまったこともあったが、地道な努力により水田経営も軌道に乗り、大正九年十一月、伊豆から兄もわざわざ来訪し祝宴を開いている。晩成社唯一の成功例と言っていいであろう。しかし、晩成社全体の経営を押し上げるほどには至らなかった。

ＪＲ札内《さつない》駅から三キロ強、幕別町依田近隣センター近くに大正九年に建てられた佐二平撰文の**「途別水田の碑」**と、当地を徳源地と名付けたことから**「徳源地の碑」**、昭和五十九年に建てられた**「依田勉三翁頌徳之碑」**が立つ。また、十勝幕別温泉グランヴィリオホテル前、依田公園の**幕別町ふるさと館**内には、途別農場で小作人が使用していた「きまり小屋」が移築され、唯一現存している。間口三間、奥行二間の決まりきった大きさから**「きまり小屋」**と呼ばれた。当時は戸数が十数戸あり、入り口にはムシロを下げ、カンテラを灯し、冬は寝間に藁を入れ、囲炉裏を囲んで寒さをしのいだという。

逝去

大正十三年春より、勉三は中風に罹り、同十四年十二月十二日、帯広町西2条9丁目の自宅で「晩成社にはなにも残らん。しかし、十勝野には……」と語り、息を引き取った。享年七十三。そして、晩成社も多くの負債を抱え、創業五十年の満期を迎えた昭和七年、倒産同様に解散している。

勉三の墓は、**帯広墓地**（東8南14）の中央やや南よりにある。墓は、昭和四年に嗣子依田八百により建てられたものだが、平成二十一年十月改修と記されているせいか、墓石はたいへん美しく、「依田家之墓」と刻まれ、戒名は「晩成院帯水浄源居士」となっている。

六花亭

帯広に本社を持ち、慶應義塾大学卒業の小田豊氏が社長を務める製菓会社**「六花亭」**では、勉三にちなんだ名の菓子を製造している。最も有名なのは「マルセイバターサンド」で、包装紙が明治三十年頃晩成社で作られたバターのラベルから意匠したものである。また、「十三戸」というこし餡入りの焼き菓子は、初雪の降る民家をイメージしたもので、入植時の十三戸から。「ひとつ鍋」というお鍋をかたどった餅入り最中は、「開拓の　始めは豚と　一つ鍋」の勉三の歌から。「万作」という桃山風の菓子は、福寿草が春一番に早く咲くところから、晩成社の人たちは福寿草のことを「まず咲く」がなまって万作と呼んでおり、勉三が詠んだ「万作

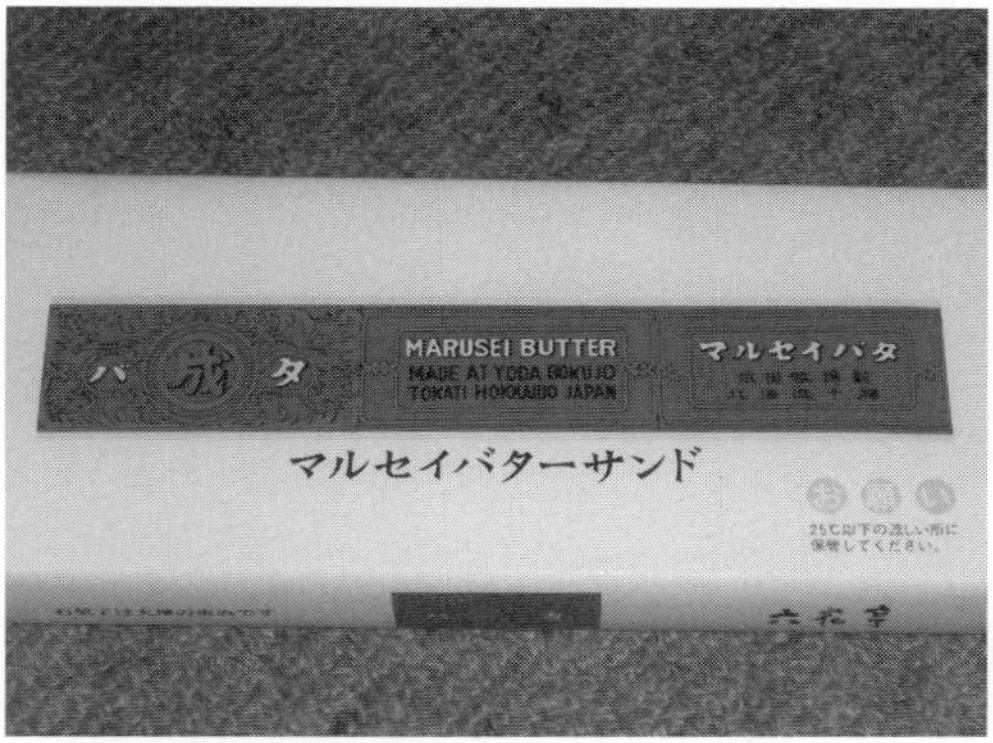

◉マルセイバターサンド

や　何処から鍬を　おろそうか」の歌から、それぞれ命名されている。

なお、六花亭は帯広に隣接する河西郡中札内《なかさつない》村に、画家で慶應義塾に学んだ小泉淳作氏の作品を展示する**小泉淳作美術館**を所有している。

帯広百年記念館

明治二十八年、人口三百人ほどの帯広に、囚人千三百人、職員二百人の北海道釧路集治監十勝分監（通称十勝監獄）が置かれ、受刑者によって街路が整備されるなど、帯広発展の契機になった。十勝監獄跡の**帯広緑ヶ丘公園**にある**帯広百年記念館**の常設展示「開拓の夜明けと発展」に「晩成社」のコーナーが設けられ、勉三の功績を讃え、彼の偉業を今も市民に伝えている。展示品には、マルセイバターの容器やレッテル、コンデンスミルクのレッテル、勉三が伊豆を出発する前日に詠んだ直筆の書「留別の詩」などもある。

勉三の事業は、失敗したと言っていいだろう。もう少し時代が下っていたら、販路や需要の問題も変わっていて、勉三への風が吹いたかもしれない。しかし、平成二十九年六月の帯広市の人口は約十六万八千人で、十勝地方の中心都市である。勉三の蒔いた種が実った結果とも言えるのではないだろうか。勉三の銅像の顕彰文にも「十勝国ノ今日在ルハ君ノ先見努力ノ賜ナリ」の一文がある。

札幌円山公園にある北海道神宮内に、昭和十三年、北海道開拓に貢献した三十六柱を祀る**開拓神社**が建立され、同二十九年、勉三は三十七柱目の祭神として合祀された。彼の業績が認められた結果であろう。

［加藤三明］

北海道の開拓者（下）

沢茂吉・川田龍吉・中村千幹

沢茂吉

沢茂吉《しげきち》は、嘉永六（一八五三）年、摂津三田藩士の長男として生まれ、明治四年から慶應義塾で学ぶが、二年後、夫に先立たれ、次男、三男を失った母の希望で退塾、帰省して、酪農に従事する。明治八年洗礼を受け、同十年から二年間、神戸ホーム（現神戸女学院）で教鞭をとる。同十五年、旧三田藩士を中心とするキリスト教開拓結社の赤心《せきしん》社に入社する。赤心は「まごころ」「偽りない心」を意味し、赤心社は、理想郷を築こうと明治十三年に鈴木清らによって設立された結社である。翌年日高の浦河町西舎《にしちゃ》に開拓団を送るが、播種の時期が過ぎていたり、チフス感染の患者が出たり、思うような成果が得られなかった。そこで、開拓には優れた指導者が必要だとして茂吉に声が掛かったのである。

同十五年五月、赤心社第二次移民団として、茂吉は八十三名の移民を率いて浦河町荻伏《おぎふす》に入植する。茂吉は、赤心社副社長として現地で指揮を執り、冬は想像を絶する寒さ、春は開拓小屋の屋根を吹き飛ばす暴風、夏は作物を食い尽くすバッタの襲来と、厳しい環境の中、商店部の開設、農耕、牧畜、樹芸などの混合農業を実施、やがて農業

◉二代目元浦河教会（「北海道開拓の村」）

中心から馬を使った畜産へと転換し、「サラブレッド王国・日高」の原点となった。ピューリタンの開拓精神に支えられて「人を育て、土地と心を耕す」という考えの下、開拓を軌道にのせた。

同十七年、木造の集会所を作り、月～土曜は、私立赤心学校として子弟の教育に用い、日曜は教会に使われた。**元浦河教会**の始まりである。同二十七年二代目の教会が建設され、この教会は、現在、札幌市厚別区の**「北海道開拓の村」**に移築、保存されている。現在の元浦河教会は三代目で、

◉赤心社記念館

昭和六十年に建設されたものである（口絵参照）。

明治二十一年、赤心社荻伏出張所事務所が現荻伏駅前に建設された。大正七年に村に寄附され、公会堂として現浦河町役場荻伏支所の位置に移転後、同十四年から荻伏村役場庁舎に使用され、さらに昭和二十九年荻伏支所隣りの現在の地に移転し浦河町郷土館として、同四十九年から**赤心社記念館**として現在に至っており、赤心社関係の資料が展示されている（展示見学の際は、荻伏支所または浦河町立郷土博物館に要連絡）。

元浦河教会の隣地には、**「荻伏開拓功労者の像」**として赤心社長鈴木清、沢茂吉、西忠義の三人の像がある。

赤心社は現在も赤心株式会社として存続しており、茂吉の孫にあたる沢恒明氏が代表取締役として、国道二三五号線沿い荻伏交差点近くで日用品販売店を経営、山林・土地管理をも営んでいる。

福澤諭吉は、茂吉の事績を高く評価し、茂吉から送られた北海の名産のお礼として、明治二十九年一月二十五日付で茂吉に手紙を出している。その中で、「人生の独立、口に言ふは易くして実際に難し。二十年の久しき、御辛抱一日の如し。敬服の外御座無く候」と記している。

茂吉は明治四十一年夏、額にしこりができ、激痛を伴って寝込むようになり、同四十二年九月十五日、五十七歳で

生涯を閉じた。浦河の**瑞穂地区共同墓地**には、茂吉をはじめ沢一族の墓がある。

川田龍吉

川田龍吉《りょうきち》は安政三(一八五六)年、土佐郡杓田村古新地(現高知市旭元町)で生まれる。父は土佐藩郷士川田小一郎で、岩崎弥太郎の片腕として活躍し、三菱事務総監、日本銀行三代目総裁を経て、民間初の男爵となった人物である。

◉「男爵薯 発祥の地」記念碑

『慶應義塾入社帳』に、龍吉は明治七年二月九日入社、慶應義塾医学所に五月一日入社、十一月一日退塾と記されている。明治十年には船舶機械技術を学ぶため、スコットランドのグラスゴー大学に留学し、七年後に帰国する。三菱製鉄所、日本郵船を経て、明治三十年に横浜船渠会社社長となる。前年には父の急死により男爵を継承している。明治三十六年に社長を辞するが、明治三十九年函館船渠会社専務取締役に就任、函館に渡る。

この年、龍吉は趣味の園芸研究のため、七飯《ななえ》の鳴川に清

◉男爵資料館

香園農場を開き、海外から取り寄せた十一品種のジャガイモを試験栽培し、明治四十一年アイリッシュ・コブラーという品種のジャガイモが、味も収穫も病気への耐性もよく、本格的な栽培を始めた。実のなりがとてもいいため、「五升イモ」「石垣イモ」と呼ばれていたが、大正期にこれを種いもとして出荷することを考えた七飯村農会が、川田男爵が生み出したものだからと、龍吉の許しを得て、「男爵薯」と命名し、全国に広まった。

そして、今、七飯駅から南東に約一・五キロ、国道五号に面した七飯町鳴川一丁目、清香園農場跡に**「男爵薯発祥の地」記念碑**が立つ。

龍吉は明治四十四年に函館船渠を退社、渡島当別《おしまとうべつ》に農場を建設し、北海道の農業近代化に尽力する。昭和二十三年、農場から近いトラピスト修道院で洗礼を受け、同二十六年、当別にて九十五歳で逝去する。

昭和五十八年、渡島当別駅から徒歩八分、川田農場跡地に**「男爵資料館」**が開館した。大正時代に建てられたキング型牛舎の中には、農業の近代化を図るためアメリカから輸入した農機具や生活用品が収められている。龍吉は、明治三十四年横浜でアメリカ製の蒸気自動車を購入、日本初のオーナードライバーになった。その蒸気自動車を昭和五十三年に復元、ここに展示している。

龍吉は、留学中、結婚まで約束したイギリス人女性がいたが、父は国際結婚を許さず、あきらめて帰国した。龍吉逝去後、彼の金庫から、その女性からの九十通のラブレターと金髪が発見され、この恋が明らかになった。その金庫、ラブレターも展示されている。

◉中村千幹氏之像（富良野市役所）

中村千幹

富良野開拓の父と呼ばれる中村千幹《ちから》は、慶應二（一八六六）年筑後国御井郡上津荒木《こうだらき》村（現福岡県久留米市上津《かみつ》町）で生まれる。慶應義塾に学んだ、と『富良野市史』『富良野事典』『富良野市人物事典』に記されているが、沢茂吉もそうであったように『慶應義塾入社帳』にはその名を見出せない。『扇山郷土誌』（昭和三十二年発行）に「北海道開拓の命を受け明治二十九年福澤諭吉先生の書状を手にして時の開拓使長官黒田清隆に面接」という記述がある。千幹は、同年、滝、密林、断崖絶壁を乗り越えながら空知川を遡り、富良野に入地、翌年旭川経由で富良野の扇山に入植し、筑後組合農場を起こして、支配人となった。

　明治三十二年、滝川～釧路間を結ぶ十勝線の鉄道工事が始まると、入植者が急増し、市街が形成されるようになった。しかし、旭川まで六十五キロの道のりにもかかわらず、徒歩で往復一週間も掛かった。そこで、扇山を中心に道路整備に取り掛かり、これが国道三八号線の基盤となった。また、大正二年、稲作を始めるため、布礼別《ふれべつ》川の灌漑工事に着手し、富良野における農業の成功を確実なものとした。

　千幹は、永住の地を今の**扇瀬《おうせ》公園**（富良野市東町二二）の地に定めた。ここにある沼は、底からカルシウムを含んだ鉱泉が湧き出しており、この水を湯に用いたというが、癌に冒され、大正五年、五十一歳で没する。墓は富良野市九線墓地南一二番地七号にあり、「慈照院大誉恵博千幹居士」と刻まれている。

　彼の**胸像**が、富良野市役所前庭にある。富良野市開基七十周年を記念して、昭和四十四年に建立されたものである。

　また、富良野駅より約四キロ南にある富良野市扇山地区公民館に、昭和二十八年に建立された**「開拓碑」**があり、中村の事業を顕彰している。公民館裏の土地に、千幹がきゅうりの種を蒔いたことから、まさに作付けが始まった。開拓前は昼なお暗い森林であったが、ここから見る今の富良野盆地は、見渡す限り農地が広がり、メロン、すいか、とうもろこし、ジャガイモ、たまねぎ、にんじん、アスパラ、かぼちゃ、米など、実に多くの農産物を産出している。

　福澤諭吉は、『時事新報』の社説「北海道の遺利惜しむべし」（明治十五年十一月三十日）において、北海道開拓は、個人として資産を成す道だけでなく、「日本帝國の利益、實に是より大なるはなきなり。我輩は遺利多きを見て之を惜しむこと甚し」とし、「北海道開放」（明治二十二年九月五日）においては、北海道開拓に関して、法律・税に優遇措置を設け、産業の振興を図るべし、そのために鉄道建設が急務であるという意見を述べている。このような福澤の考えに、陰に陽に影響を受けた依田勉三、沢茂吉、川田龍吉、中村千幹が艱難辛苦に耐え、北海道興隆の礎を成した。『富良野市史』には、「慶応義塾出身で千幹の先輩であり、後世に十勝開拓の父としてあまりにも有名な依田勉三が、後輩の千幹をいつも叱咤激励していたといわれ、千幹もまた開拓者をはげました。」と記されている。

［加藤三明］

大倉喜七郎

大倉財閥の御曹司

慶應義塾幼稚舎の『入社名簿　第三號』に「大倉喜七郎《きしちろう》」の名があり、「東京市赤坂區葵町三番地　喜八郎長男　明治十五年六月十六日生　明治廿六年三月十三日入社」と記されている。

喜七郎の父大倉喜八郎《きはちろう》は、越後国新発田の商家の三男で江戸に出て見習い奉公の後、乾物屋や鉄砲商を営み、軍御用達の政商として巨利を得て、一代で大倉財閥を築いた人物である。

喜七郎が幼稚舎をいつ退舎したかは不明であるが、昭和十一年発行の『慶應義塾幼稚舎出身者名簿』に「大倉喜七郎　大倉組頭取　男爵　塾員　麹町區下二番町三〇（註：現千代田区二番町七）」が掲載されている。同年発行の『塾員名簿』を見ると彼の名があり、「昭和五年特選塾員」とある。慶應大学は卒業していないが、昭和五年に特選塾員として認められているのである。

『ホテルオークラ東京五十周年記念誌』には「学習院から英国ケンブリッジ大学に学び」とあり、喜七郎の異母弟大倉雄二が著した『男爵』では「正則英語学校から学習院」と記してある。そこで学習院に尋ねてみると学習院アーカイブスから、次のような思いもかけぬ回答があった。

『入学者名簿』に「予備科六級　明治二十二年九月二十日　大倉喜七」と記載がある。予備科六級は当時の学制で小学校一年に該当する。そして『退学者名簿』に明治二十五年十月二十二日　初等科四級　大倉喜七」とある。

すなわち、幼稚舎入学以前に学習院に入学していた記録はあるが、年長になっての在学記録はないのである。

明治三十三年、父のパリ万国博覧会参加および欧米商業視察に同行して渡欧し、ケンブリッジ大学に入学。同四十年、自動車五台を土産に帰国し、旧新発田藩主溝口直正の二女久美子と伊藤博文夫妻の仲人で結婚する。叩き上げの父と違って、大倉財閥の御曹司で、英国の貴族趣味を身に付けた紳士として「社交界の星」ともてはやされた。大倉財閥の跡継ぎとして、大正十三年喜八郎が米寿を迎えたのを機に合名会社大倉組頭取に就任する。大倉財閥は、持ち株会社の大倉組の下に、大倉商事、大倉土木（現大成建設）、大倉鉱業（現中央建物）を中心に大倉火災海上保険（合併を経て現あいおい損害保険）、大倉製糸、日本皮革（現ニッピ）、東海自動車、東海パルプ（現特種東海製紙）、日本無線、大日本麦酒（現サッポロビール）などを傘下に収めていた。しかし、彼が最も力を入れたのがホテル業であった。ホテルは貴族の優雅さと遊び心を具現化できる場所であった。

ホテル業を拡大

大正十一年、父が明治二十三年の創立に関わり取締役会長に就いていた帝国ホテルの会長職を継いだ。そして翌十二年フランク・ロイド・ライト設計による**帝国ホテル本館**が開業する。本館の玄関・ロビーは**「帝国ホテル中央玄関」**として愛知県犬山市の**明治村**に移築・復元されている。ちなみに明治時代の建築物を集めた明治村は、幼稚舎の本館・記念棟を設計した谷口吉郎が主唱して設立され、初代館長を務めた。

昭和八年には山岳リゾートとして**上高地帝国ホテル**を、昭和十一年には自分の乗馬用に用意した土地をゴルフリゾートとした**川奈ホテル**を、昭和十二年にはスキーリゾートの**赤倉観光ホテル**を開業している。彼の第一義は、西洋人や上流階級の人に、最高の場を提供したいというもので、採算は二の次であった。

◉川奈ホテル

上高地帝国ホテルの創建時の建物は老朽化のため取り壊され、昭和五十二年オリジナルの外観を再現するかたちで新築された。設計者は高橋貞太郎で、川奈ホテルも、今はなき帝国ホテル新本館をも手掛けた人物である。

川奈ホテル本館は開業時からの建物で国の登録有形文化財・近代化産業遺産に指定されている。一階のメインロビーは暖炉の上に開業時からの紋章が掲げられ、メインダイニングは壁に噴水が設えられ共に格調高く、与謝野晶子が昭和十二年に「海に添う　東日本をことごとく　望み見ぬべき　サンルウムかな」と詠んだ半円形の突き出たサンパーラーは明るく伊豆の海を一望できる。地下一階には「川奈ホテルの歩み」として、年表、往年の写真・パンフレット・食器が展示されている。中に、喜七郎が祝い事に使用したという壽食器もあった。現在使用している食器も全てホテル特注で、陶器には富士山と大島が描かれ、銀器には大倉家の家紋五階菱が刻まれ、フォーク・ナイフ類にはホテルの紋章が付けられている（平成十四年よりコクド（現プリンスホテル）の経営になっている）。

◉川奈ホテル ロビー

赤倉観光ホテルの創業当時の建物は昭和四十年に火災で焼失してしまったが、一年後に当時の建物を模した形で建て直されている。

また、人気のある山小屋、長野県 燕岳《つばくろだけ》の**燕山《えんざん》荘**にも彼が関わっている。小屋改修の夢を話していた主人の赤沼千尋に、一登山者が「では一緒にやりましょう」と資金提供をして、現在も使われている燕山荘本館が建築された。その登山者が喜七郎であった。小屋の設計者は前述の高橋貞太郎で、上高地帝国ホテル同様の丸太を組み合わせたスイス風の外観を呈している。昭和十二年に完成し、それから同二十三年までは帝国ホテルの傘下であった。

好奇心と知識欲が旺盛な喜七郎は、音楽、美術、スポーツと広範囲にわたって造詣が深く、趣味が仕事に先行している面があった。社長業は午前中のみで、午後は趣味に費やしていたとも言われる。音楽に関しては、尺八とフルートを合わせたようなオークラロを発明し自ら演奏もし、新邦楽の大和楽を創作した。美術に関しては、父喜八郎が大正六年に開館した日本初の私立美術館・**大倉集古館**に絶大な援助をし、自ら多年蒐集した美術品、特に近代絵画多数を集古館に寄付した。昭和五年には、ローマで「日本美術博覧会」を開催し、横山大観など多くの日本画家を紹介した。そして出品作品は、全て喜七郎が購入し、大戦後、手元に残っていた作品は集古館に寄贈された。スポーツに関しては、イギリス留学時代の明治四十年ロンドン郊外で開かれたカーレースで二位になり、日本人初のカーレーサーとなった。

大倉山ジャンプ競技場

彼の名を残しているものに「**大倉山ジャンプ競技場**」がある(口絵参照)。昭和三年、初めて来道した秩父宮の力添えを得て、札幌にスキージャンプ台建設が計画された。これに対して喜七郎は私財を投入し、大倉土木によって昭和六年、札幌の無名の山に六〇メートル級ジャンプ台が建設された。これを札幌市に寄贈し、これを受けた札幌市は彼の厚意に報いるために「大倉シャンツェ」と命名した。昭和四十七年開催の札幌オリンピックに向けて、昭和四十五年に九〇メートル級ジャンプ台として大改修が行われ「大倉山ジャンプ競技場」と改称され、以後、リフト設置、ルール改正による改修、ナイター設備設置、サマーヒル化などの変更を経て、現在に至っている。

現在は、ワールドカップが頻繁に開催されるなど世界有数のジャンプ台となっており、札幌オリンピックミュージアムも併設され、札幌の代表的観光地として訪れる人も多い。リフトに乗って、スタートハウスに登ると札幌市が一望できる絶景とジャンプ台の斜度と大きさの迫力に出会える。そのリフト乗り場の左手に平成十一年に造られた「**大倉喜七郎男爵顕彰碑**」がある。スロープを思わせる曲線を描いた銀板に、彼の顔が浮き彫りにされた黒い円盤が設えてある。リフトに搭乗して直ぐ左手に、「旧大倉シャンツェ遺垣」の石の説明板が、創建当初の石垣に埋められているのが分かる。

昭和二年に、家督を相続し男爵を襲爵し、気さくでハイカラな当代きっての風流人は「バロン・オークラ」と呼ばれていたが、第二次世界大戦後の財閥解体、資産凍結、公職追放により、彼は昭和二十年十二月帝国ホテル取締役会長の辞任をはじめ、一切の事業から手を引いた。大倉財閥は、

◉大倉喜七郎男爵顕彰碑

資産の多くを大陸に保有していたこと、軍に関連していた事業を多くしていたこと、自前の銀行がなかったことにより大きなダメージを受けた。

ホテルオークラ

昭和二十六年公職追放が解除されると、帝国ホテルへの復帰と望んだが、既に持ち株は売却されており、その夢は叶わなかった。しかし、ホテル業への情熱は冷めず、国際的に超一流のホテルの建設を計画した。昭和三十三年に大成観光(株)を設立し、大倉家本邸跡地と明治三十三年に父が創立した大倉商業学校(現・東京経済大学)の敷地に建設されたのが、ホテルオークラである。日本の高尚な模様と雰囲気を最高度に取り入れるため、谷口吉郎を長とする「設計委員会」が設けられ、最終的に九人の建築家が関わって、「日本的建築美の創造」を建築理念として設計された。こうして東京オリンピックを二年後に控えた昭和三十七年五月、和瓦を張り詰め、目地に白タイルを張りこんだ海鼠壁仕上げの外観をもった**ホテルオークラ本館**がオープンした。

ロビーは谷口吉郎が担当し、古墳時代の飾り玉に見られる切子玉型をつなぎ合わせた照明(オークラ・ランターン)、輪島塗のテーブルを梅の花の中心に五つの椅子を花弁に見立てたテーブルと椅子、富本憲吉がデザインした蘭の四弁花紋を西陣織にした壁面、今もホテルオークラの意匠となっている能装束から取り入れた麻の葉紋の木組み格子などが特徴として見られた。

こうして喜七郎は念願のホテルオークラ開業に漕ぎ着けたが、その七カ月後の昭和三十八年二月二日、直腸がんのため八十一歳で天寿を全うする。ホテルオークラは、日本有数のホテルとして確固たる地位を築いたが、一方、大倉商事は平成十年に自己破産をして幕を閉じた。

ホテルオークラは、二〇二〇年開催予定の東京オリンピックに合わせた新本館建設のため、残念ながら平成二十七年八月をもって本館を閉館し、解体してしまった。ただ、昭和四十八年に隣接地に開業した別館エントランスホールの設計も谷口吉郎が行ったため、オークラ・ランタンなどの照明はじめ、本館と同一基調に仕上げられ、谷口吉郎の意匠が残っている。また、二〇一九年開業を目指している新本館の設計チームに、谷口吉郎の子息で幼稚舎の新館21を設計した谷口吉生を起用し、旧本館の雰囲気を継承していくことが発表されている。

ホテルオークラの敷地内には、前述した大倉集古館がある。現在の中国古典様式の建物は、設立当初の木造建築が関東大震災で焼失したことを受けて、昭和三年十月に開館したものである。築地本願寺を手掛けた伊東忠太によって設計された耐震耐火の建物で、平成十年に国登録文化財に指定されている。国宝三件、重要文化財十三件をはじめとする美術品約二千五百件と漢籍約千部を所蔵している。しかし、新本館完成予定の二〇一九年まで休館予定である。

護国寺本堂裏手奥に塀に囲まれた**大倉家墓所**がある。五階菱の家紋が付けられた門の正面奥に、大倉喜八郎夫妻の二つの宝塔があり、その右手に「大倉家靈位」と彫られた墓石がある。ここに喜七郎が埋葬されている。戒名は「徳成院殿祥翁良善聽松大居士」である。

［加藤三明］

◉ホテルオークラ 別館ロビー

岩崎久弥

岩崎久弥は、幕末・明治期の動乱期に政商として巨万の富を築いた三菱の創始者岩崎弥太郎の長男として、慶応元年土佐国安芸郡井ノ口村に生まれた。現在も安芸市井ノ口一ノ宮に弥太郎の生家が保存・公開されているが、久弥が生まれたのもこの家である。この家は、弥太郎の曾祖父弥次衛門が郷士の株を売って一七九五年頃建築したもので、建坪約三十坪藁葺きの平屋である。

久弥は、明治八年に十歳で慶應義塾幼稚舎に入舎する。慶應義塾幼稚舎の『入社名簿　第一號』に「岩崎久彌」の名があり、「**本籍身分誰男ヵ弟或戸主**　高知縣安藝郡一ノ宮士族岩嵜弥太郎男　**入社月日**　明治八年五月十日入社　**証人住所姓名**　東京府駿河臺　岩嵜彌之助」と記されている。ちなみに昭和十一年発行の『慶應義塾幼稚舎出身者名簿』に「岩崎久彌　三菱合資會社出資社員　男爵　塾員　本郷區湯島切通一　高知」とあり、同年発行の『塾員名簿』を見ると、明治三十六年に特選塾員となっていることが分かる。

明治十一年に父が三菱商業学校を創立したので、久弥は当校に転校した。三菱商業学校は、校長の森下岩楠はじめほとんどの教員が慶應義塾の門下生で、『福翁自伝』にも「義塾の分校のようなものである」と福澤諭吉が述べているが、教員であった馬場辰猪らの自由民権運動が薩長閥の政府から睨まれ、早くも同十七年には廃校になってしまった。

明治二十一年、福澤諭吉の助言を得て、ペンシルベニア大学ウォートン・スクールに入学、同二十四年帰国し、三菱社副社長に就任した。同二十七年、三菱合資会社が開業すると、二十八歳の久弥が社長となり、三代目の三菱総帥となった。この年に上総国飯野藩主保科正益の長女寧子《しずこ》と結婚し、駒込の邸宅に居を構えた。

六義園

駒込の邸宅とは、現在の都立六義園《りくぎえん》（文京区本駒込六-一六-三）のことである。六義園は、五代将軍徳川綱吉の側用人として名を馳せた柳沢吉保の下屋敷で、彼はここに七年半の歳月をかけて廻遊式築山泉水庭園を、元禄十五（一七〇二）年に完成させた。明治十一年、岩崎弥太郎が六義園と、それに隣接した藤堂、前田、安藤家の屋敷を併せて十二万坪の土地を購入した。昭和十三年、久弥は一般市民に六義園を開放すべく、約三万坪を東京府に独断で寄付をした。この時、東京市は六義園の歴史と久弥の功績を記した「東京市石碑」を建て、今も内庭大門の傍らに見ることができる。池と築山、各所に配された木々と石で、変化に富んだ景色を生み出している六義園は、現在都内随一の大名庭園と言って、過言ではなかろう。

大正十年、久弥は六義園西側に隣接していた加賀藩前田抱屋敷跡の五万四千坪を大和村（後に大和郷）と名付け、高級住宅地として開発し分譲した。現在の本駒込六丁目に当たり、今も閑静な環境を保っている。

六義園の南側、不忍通りに面した所に**「東洋文庫ミュージアム」**（本駒込二-二八-二一）がある。久弥は、大正六年にジョージ・アーネスト・モリソンの二万四千冊に及ぶ欧文で書かれた中国に関する蔵書を購入した。モリソンは、オーストラリア生まれで、ロンドン・タイムズの記者として清朝末期の中国に滞在、中華民国が成立すると新政府の政治顧問に招かれた人物である。さらに久弥は和書、漢籍を始めとする東洋諸言語の書籍を蒐集し、大正十三年、東洋学研究図書館「東洋文庫」を設立した。平成二十三年に施設の建て替えがなされ、ミュージアムを併設、蔵書数は国宝五点、重要文化財七点を含む約百万冊になっている。二階に上がると、モリソンの書庫を再現してモリソンの蔵書が集められた「モリソン書庫」がある。ここは照明の効果もあってか、実に荘厳な空間になっている。中庭「シーボルト・ガルテン」を眺められる館内レストラン「オリエント・カフェ」は、小岩井農牧の経営で、メニューには小岩井農場産の食材を生かしたものが並んでいる。

茅町本邸（旧岩崎邸庭園）

明治十一年に弥太郎が、湯島茅町の元舞鶴藩知事牧野弼《すけ》成《しげ》邸を購入し、その後周辺の土地を買い増して、一万五千坪余りの土地を所有していた。久弥は、ここにジョサイア・コンドル設計の洋館と、和館を建て、明治二十九年に駒込から移り住み、以後五十二年間の長きにわたってここを本

◉旧岩崎邸内部

邸にした。

第二次世界大戦終戦当時、久弥は満七十九歳を迎えていたが、屋敷が米軍に接収されると、久弥と家族は日本館の一角に逼塞《ひっそく》した。昭和二十三年久弥は、財産税支払いのためこの地を売却し、ここを離れた。昭和二十八年にこの土地は政府の所有となり、最高裁判所書記官研修所となった。昭和四十年、春日通りに面した約三二〇〇坪を民間に譲渡処分し、昭和四十四年前後には和館の住居部分約四六〇坪が取り壊され、昭和四十六年には最高裁判所司法研修所の鉄筋コンクリート五階建てのビルが建設されるなど、岩崎邸時代の面影は徐々に失われていった。平成八年司法研修所が和光市に移転すると、清掃工場建設案が出た。このことから保存運動が高まり、平成十三年十月一日、土地は文化庁所有のまま都立公園として**「旧岩崎邸庭園」**が開園した（口絵参照）。

「旧岩崎邸庭園」（台東区池之端一-三-四五）は、東京メトロ千代田線湯島駅から徒歩五分。スロープを登って左に曲がると、玄関上部に塔を抱いたクリーム色のペンキ塗り仕上げの洋館が目に入る。この洋館は、イギリス十七世紀初頭のジャコビアン様式を基調とし、建坪が約一六〇坪という壮大なものである。裏の庭側には列柱を有したコロニアル調のベランダが張り出している。内部は、玄関の床タイル、柱や梁などに見られる彫刻、金唐革紙の壁紙、日本刺繍の天井、床の木組など、当時の財閥の財力を想像させる豪華さである。一階に久弥の書斎があり、好きな農業、牧畜業の洋書を読んでいたというが、基本的に洋館は接客の場であった。洋館から舟底天井で畳敷きの廊下を渡ると、かつては生活の場であった和館に入る。日本の建築技術の粋を集め、建坪五五〇坪もあった和館であったが、岩崎家の会合や宴に使われた書院造りの大広間を中心とした三部屋を残すだけになってしまった。とは言え、節のない一枚板で構成された天井、一木で作られた長押や鴨居、菱形をかたどった釘隠しや襖の引手など、目を見張るものがある。尚、洋館、大広間、撞球室、袖塀、煉瓦塀などは国重要文化財に指定されている。

清澄庭園

久弥が関わった都立公園がもう一つある。**清澄庭園**(江東区清澄三-三-九)である。

弥太郎は、明治十一年に深川清住町、伊勢崎町一帯の土地約三万坪(一〇ha)を購入し、全国から名石を収集して、廻遊式潮入林泉庭園に配置し、社員との交流や賓客の接待の場として「深川親睦園」を創設した。弥太郎の遺志を継いだ三菱二代目弥之助(弥太郎の弟)は、この地にコンドル設計の豪奢な洋館と日本館を建てた。叔父弥之助の跡を継いだ久弥は、明治四十二年、国賓として来日した英国陸軍キッチナー元帥のため、池畔に数寄屋造りの「池の茶屋(現在の涼亭)」を建てて歓迎した。

大正十二年の関東大震災で涼亭を残し大半の建物が焼失するなど、庭園は大きな被害を被ったが、近隣住民の避難場所となり、多くの命が救われた。ノーブレス・オブリージュ、すなわち高貴なる者は国家社会のために貢献しなければならないという精神を強く抱く久弥は、既に大正九年に三千坪を一般公開していたが、震災を契機に、庭園を市民の憩いの場に、そして緊急時の避難所にと、比較的被害の少なかった庭園の東半分を東京市に寄付した。これを受けて東京市は、久弥の事績を顕彰した「清澄園記」の碑を建立し、昭和七年に正式開園した。深川地区に壊滅的な被害を与えた昭和二十年の大空襲でも、再び避難場所として多くの人命を救った。

庭園の西半分は、震災後、復興用の製材所が建てられ、その後も材料置き場になっていたが、昭和四十八年に東京都が買収し、昭和五十二年に一般開放公園の清澄公園となった。

関東大震災と東京大空襲を潜り抜けてきた涼亭は、昭和六十年度に大改修され、池に優美な姿を今も映している。清澄庭園は、東京メトロ半蔵門線清澄白河駅から徒歩六分である。

三養荘

もう一つ久弥が関わって現存する庭園が、伊豆長岡の古奈温泉にある。彼が、昭和四年に別荘として造った**三養荘**である。京都の庭師小川治兵衛が箱根伊豆の山を京の東山

◉三養荘

に見立てた回遊式庭園を作庭し、庭に面して雁行形に部屋が配置された数寄屋造りの和風建築が建てられた。三養荘は、『養生雑訣』の「思慮を寡《すく》くして以つて神を養ひ、嗜欲を寡くして以つて精を養ひ、言語を寡くして気を養ふ」を典拠として久弥が命名した。

戦後、西武鉄道の堤康次郎が買収し、昭和二十二年に旅館三養荘として十五室で開業した。昭和三十二年、昭和天皇の行幸のために「御幸」が、昭和四十二年には離れ三室が増築された。さらに昭和六十三年には、買い増した向かいの白石旅館の敷地を含めて、九十歳を超えた村野東吾の設計で平屋建ての広大な新館が造られ、四十室の営業となった。

三養荘は、現在プリンスホテルの経営で、伊豆箱根鉄道伊豆長岡駅から車で五分の所にある。現在敷地は四万五千坪になり、久弥の別荘当時の建物は本館と呼ばれ、久弥の部屋であった「松風」を含めて客室として使用されている。かつては五千坪あった庭園は、新館建設によって三千坪になったとはいえ、毎日四人の職人によって手入れされているというだけあって、一見の価値がある。なお、本館は平成二十九年三月に国の登録有形文化財に答申されている。

小岩井農場

久弥は、長崎造船所の近代化や東京・丸の内地区の開発、麒麟麦酒の創業など事業を拡充し、三菱合資会社に事業部制を導入して組織の近代化を図った。しかし、動物好きの彼が最も心を惹かれたのが、農業、牧畜業であった。大正五年、五十歳の時、三菱合資会社の社長を従弟の小弥太に譲ってから、久弥は三菱の事業に口をはさまず、専ら岩崎家の事業としての農牧に時間を費やした。その一つに**小岩井農場**がある。

◉小岩井農場

明治二十四年、小野義真日本鉄道副社長、岩崎弥太郎三菱社長、井上勝鉄道庁長官が岩手山麓に広がる広大な土地を農地とする試みを始めた。三人の苗字の頭文字をとって小岩井農場と名付けられた。痩せた寒冷の土地は農業に適さず、小野、井上は手を引き、同三十二年、久弥が岩崎家の所有とした。彼は、同三十九年から小岩井農場に多くの時間を費やすようになり、英国からサラブレッド種を輸入して競走馬を育成し、オランダからホルスタイン種を輸入して酪農製品を生産するという、農業から牧畜業重視の経営に転換した。久弥は、聴禽荘(現存するが非公開)という別荘を建て、毎夏、家族と共に農場に滞在した。久弥は昭和十三年四月、その経営を法人組織に改め、小岩井農牧株式会社を設立し、今や小岩井の乳製品の名を知らぬ者はいないほどに成長した。

小岩井農場は盛岡駅からバスで三十分、岩手郡雫石町と滝沢市にまたがり、まきば園という観光名所にもなっている。約三千ヘクタール、すなわち山手線内の半分の面積を持ち、ホルスタイン二千頭を飼育している。平成二十九年二月に明治から昭和初期に建てられた小岩井農場内の二十一棟が国重要文化財に指定された。これらの建物を見学するには、「ガイド付きバスツアー小岩井農場めぐり」や「上丸牛舎の重要文化財見学ウォーク」を利用するといい。最も古い建物である明治三十一年以前建設の「本部第二倉庫」や長年、中核の事務所だった明治三十六年建設の「本部事務所」は、バスの車窓から眺められる。日本で現存する最古のサイロ「一号サイロ」や、未だ現役で特に優秀な牛が集められた上丸地区の牛舎は、どちらのコースでも歩いて見学できる。小岩井に現存する牛舎で最も古い明治四十一年建設の「一号牛舎」も、現在分娩用牛舎として使用されている。

末廣農場

明治二十年、弥之助が旧下総種畜場の土地三四〇ヘクタールの払い下げを受け、大正元年当地の地形が扇子を広げた形に似ているところから末廣農場と命名した。大正八年から久弥はこの農場の経営に着手し、農場長に「採算を度外視して畜産界の資し得る模範的実験農場を作って貰いたい」と指示している。養豚、養鶏、そしてそれらの飼料にするために小麦、大麦、トウモロコシの栽培などを行い、最盛期には養鶏八千羽、養豚年間千頭の生産を数え、ハム、ベーコン、ソーセージなども生産していた。末廣農場は、久弥が三菱社長退任後、小岩井農場と共に最も多くの時間を過ごした所であった。

終戦後、財閥解体、過酷な財産税の課税の憂き目に遭った久弥は、明治二十四年六月既に自分の所有ではなくなっていた茅町本邸の一室から、農地解放で六ヘクタールまでになってしまった末廣農場に移り、畑を作り庭をいじる隠棲生活を始めた。

成田空港から南東へ道のりで約十一キロ、「七栄末広南」の交差点脇、千葉県富里市七栄六五〇 - 二五に**「旧岩崎家末廣別邸」**がある。しかし、現在は一般公開に向けて整備中で立ち入ることはできず、門から林越しに主屋を遠く眺めるだけである。しかし、門の傍らに富里市が立てた「国登録有形文化財　旧岩崎家末廣別邸」のしっかりした説明板がある。この説明板によると、この敷地内に主屋（建築面積一五〇坪）、東屋（一五坪）、石蔵（七坪）があることが分かる。

この地に来てからしだいに心臓病や胃潰瘍に侵されていった久弥は、昭和三十年十二月二日、主屋の一室で眠るように息を引き取った。傍《はた》からみれば、ここでの晩年の生活は落ちぶれた大富豪の成れの果てだったかもしれないが、興味ある農牧の世界を小岩井農場、末廣農場、ブラジル東山農場でのコーヒー栽培、スマトラでのオイルパーム栽培、マレーでのゴム栽培で実現し、戦後僅かに残ったこの末廣農場の一角で、静かに九十歳の長き生涯の幕を閉じたことは、生き物を愛《め》で、貴賤貧富の差別なく人を愛した久弥にとって望外の幸せだったかもしれない。

［加藤三明］

青山霊園

外人墓地に眠る義塾関係者

青山という都心の一等地に、約二十六ヘクタールという広大な敷地を持つ**青山霊園**は、日本初の公営墓地として、明治五年、美濃国郡上藩（現在の岐阜県郡上市）の藩主だった青山家の下屋敷跡を中心に「神葬祭地」として開設された。それ以前の江戸時代、人々は幕府公認の寺院の檀家になる義務があり、葬儀は檀家になった寺が行っていた。明治政府はこの制度を解体し、「神仏分離令」と「神葬祭許可の達」を発令した。従って、青山霊園は当初、神葬墓地として開設されたのである。その後、政府が都心部の寺院境内への埋葬を禁ずる布達を出すと、当時の東京市民は不満を持った。これに対する緩和策の一環として、明治七年、「青山神葬祭地」は「青山共葬墓地」に変えられた。

昭和十年「青山霊園」と改称し、現在は東京都の所管になっている。大久保利通、吉田茂、志賀直哉や斎藤茂吉、さらには「解放運動無名戦士墓」、忠犬ハチ公など、園内には十二万以上の御霊が埋葬されている。中上川彦次郎、小幡英之助、門野幾之進、北里柴三郎、犬養毅、江藤淳ら慶應義塾関係者の墓も多い。

また、宗教的習慣から土葬を正葬とする外国人の埋葬地の必要性から、明治十年代初頭の法改正で墓地内に外国人専用埋葬地が設けられた。今回は、その中から福澤諭吉や義塾に関係した外国人の墓所を掃苔《そうたい》してみる。

デュアン・B・シモンズ（Duane B. Simmons）（**宣教師・医師、天保五年〜明治二十二年**）

安政六年十一月、アメリカから米国オランダ改革派協会（Dutch Reformed Church in America）の派遣宣教師としてS・R・ブラウン、G・F・フルベッキと共に来日。神奈川の宗興寺に居住したが、まもなく宣教師を辞し、横浜居留地に移って開業医となった。

明治三年五月に福澤諭吉が発疹チフスを患った際、日本人医師の間で治療法が決定せず、当時名医として知られていたJ・C・ヘボンに診てもらおうということになった。しかし、ヘボンは眼科医であり、知人であるシモンズがヨーロッパで新しい医学を学んでちょうど帰ってきていたので、自らは差し支えがあり往診できないとして、代わりにシモンズを紹介した。シモンズは最新の知識を駆使して治療に当たり、その後福澤の知遇を受けるようになる。シモンズは病理解剖・脚気の研究や、市立十全病院（現在の横浜市立大学医学部）の設立に尽力するなど明治初期の日本医学界に貢献した。

◉シモンズの墓

明治二十年福澤は、再来日したシモンズのために三田の邸内に自ら設計した住居を建て与えた。晩年のシモンズは老母を日本に呼び寄せ孝心厚く、日本史の研究に従事した。シモンズの死後、この邸宅には一八九〇年ごろからユニテリアン宣教師クレイ・マッコーレーが住み、明治三十五年から塾長鎌田栄吉が住むこととなった。この鎌田塾長役宅が大正六年に改装され、教職員クラブとして使用されることになり「萬來舍」と名付けられ、教職員の食堂、学生集会

◉萬来舎（大正８年頃）［慶應義塾福澤研究センター蔵］

所として利用された。

自然石を削った墓碑には、福澤の弔文が刻まれている。シモンズの人となりをよく表した銘文は、「悲哉 親友福澤諭吉謹誌」と結ばれている。（墓所 外人区 南1種イ 4側25～26・34～35番）

アレキサンダー・クロフト・ショー（Alexander Croft Shaw）（宣教師、弘化三年～明治三十五年）

カナダトロントに生まれ、トロントの神学校を卒業後、明治三年渡英し、ロンドンの教会で聖職者として働く。英国聖公会の派遣宣教師として、明治六年ロンドンから大西洋、アメリカ大陸横断を経て横浜に到着し、築地居留地の田中屋という外国人宿に滞在した。当時、宣教師の居留地外居住は許されず、日本人との接触を十分に持つことができなかった。三田の大松寺《だいしょうじ》に寄宿していたとき、その隣の高台にある義塾の敷地内に暮らしていた福澤諭吉と親しくなり、福澤家で子女の住み込み家庭教師の仕事を得、あわせて、慶應義塾の倫理学教授を務めることで、布教活動を始めた。明治九年、ショーは三田に最初の宣教拠点として聖保羅《パウロ》会堂を設置。後に芝に移転して現在の聖アンデレ教会を創設し、その活動は発展していった。

明治十九年、友人のジャクソンと共に軽井沢を訪れた際、さわやかな気候と美しい景観に感動し、友人の宣教師たちにも「軽井沢は保健と勉学に適している」と避暑地として薦めた。同二十一年に旧軽井沢の大塚山《だいづかやま》にショーが建てた別荘は、現在ショーハウス記念館として復元されている（墓所1種ロ 7号14・17側1番）（八四ページ参照）。

アーサー・ロイド（Arthur Lloyd）（宣教師・英語教授、嘉永五年～明治四十四年）

英国聖公会宣教師として、明治十七年に妻子と共に来日

◉ロイドの墓

し、慶應義塾、立教学院、東京帝国大学等で教鞭を執りながらキリスト教の伝道に努めた。慶應義塾では、来日翌年の明治十八年から通算十年間教壇に立ち、明治二十六年には大学部文学科二代目主任教員に就任している。福澤の信頼も篤く、課外ならばキリスト教教育をすることを許され、明治二十年には塾内に福澤が建てた木造二階建ての西洋館の一室を礼拝堂として使用した。

当時義塾唯一の女性教員であったファルロットと再婚し、明治三十一年四月に退職するまで多くの塾生の指導に当たった。その後、同三十二年~同三十六年には立教学院の総理を務めた後、同四十四年の死に至るまで東京帝国大学文科で英語、英文学の講義を担当した。日本語に堪能で、日本文学の翻訳がある。ロイドが住んだ洋館は、後の住人米国人教師エノック・ハワード・ヴィッカースの名にちなんで、「ヴィッカース・ホール」と呼ばれ、体育会本部としても使用された（墓所 外人区 北1種ロ 3側23・32番）。

フランク・ウェリントン・イーストレーキ（Frank Warrington Eastlake）（言語学者、安政五年~明治三十八年）

万延元年、米国人歯科医師であった父ウィリアム・クラーク・イーストレーキ（William Clarke Eastlake）と共に横浜に来日。父の出張診療先である上海や北京に加え、夏期だけ横浜に滞在した。明治四年渡欧し、ドイツ、パリで学び、ベルリン大学で博語学、哲学、理学を修めた。当時未開拓分野であったアッシリア語の辞典を著し、同十四年「博言博士」の称号を得て著名な言語学者となる。

留学を終えたフランクは、英語教育を主たる目的として明治十七年頃再来日し、父ウィリアムと交流のあった福澤諭吉の保証で麹町一番町に住居を構えた。明治十九年五月から翌年四月まで義塾で英語学を担当。その後、週刊の英字新聞を発行する傍ら、明治二十一年、磯部弥一郎と「国民英学会」を結成し、同年、『ウェブスター氏新刊大辞典和訳字彙』を棚橋一郎と刊行した。同二十四年、単独で「日本英学院」を作ったが志を得ず、同二十九年、斉藤秀三郎らと正則英語学校（現在の正則学園高校）を創設した。

明治二十一年、元旗本の子女大田ナオミと国際結婚し、八人の子女をもうけた。長男ローランド・パスカル・イーストレーキ（Roland Pascal Eastlake）は義塾文学部で英文学史を担当し、また、孫に当たるアーネスト・ウェリントン・イーストレーキ（Ernest Warrington Eastlake）は中等部で英語講師を長らく務め、日本に帰化し「東湖《とうこ》一《はじめ》」と名乗った（墓所 外人区 南1種イ 2側7~9番）。

金玉均《キムオッキュン》（李朝時代後期の政治家、嘉永四年〜明治二十七年）

明治五年に科挙分科に合格し、李朝の官僚となる。開化思想を抱き、明治十五年二月から七月まで日本に遊学し、福澤の支援を受ける。留学生派遣や朝鮮で初めての新聞である『漢城旬報』の発行に協力した。

日本の明治維新を模範とした清朝からの独立、朝鮮の近代化を目指した。明治十七年、清がベトナムを巡ってフランスと清仏戦争を開始したのを好機とみて、日本公使の協力を得て閔《びん》氏政権打倒のクーデター（甲申政変）を起こす。事件は清の介入で失敗し、わずか三日間の政権で終了した。

井上角五郎らの助けで日本に亡命するも、各地を転々とし、上海で閔妃の刺客、洪鐘宇《ホンジョンウ》に暗殺された。遺体は本国朝鮮に運ばれバラバラにされ曝された。遺髪と衣服の一部は金玉均を敬愛していた日本人和田延次郎が密かに日本に持ち帰り、犬養毅らの支援で墓が建てられた（墓所 外人区北1種イ7側60番）（一八二ページ参照）。

平成十六年、管理料金を五年以上滞納していた無縁墓地に対して撤去通告が東京都から出された。ロイド、金玉均、シモンズの墓所には同十七年十月を期限として使用許可取り消しを警告する立て札が建てられた。都では、学校の創設者など一定の条件を満たせば、親族以外にゆかりのある法人も使用権を受け継ぐことができるよう霊園条例の解釈を変更し、ロイドの墓は立教学院が、金玉均は韓国大使館が継承を申し出て、撤去の危機を免れた。平成十八年、申請のなかった墓地の一部の使用権が東京都に移った。都では、外人区を歴史的墓所空間として残すこととし、無縁仏として改装せず、貸付対象箇所にしないことにした。

［大澤輝嘉］

●外人墓地入口　入口左手には、イーストレーキ、シモンズの墓が見える

神宮球場

慶應義塾も今日では大学の学部は十に増え、主なキャンパスも六を数える。どの世代も、どの学部の出身でも、共に思い出の一齣を持つ場所をそのキャンパスに探すことは出来なくなった。しかし、全ての塾生、塾員が共有する体験を持つことのできる唯一の場所がある。それが、早慶戦の熱戦が繰り広げられて来た**神宮球場**である。

早慶戦復活と球場建設

早慶野球戦は明治三十六年、早稲田大学の挑戦状を受けて三田綱町グラウンドではじまった。応援の過熱から、同三十九年秋以来中断していたが、大正十四年に復活する。そして、その翌年に明治神宮外苑に竣工したのが、神宮球場である。

神宮球場は、特に東京六大学野球関係者の強い希望と尽力によって、作られた。この時、明治神宮奉賛会は四十八万円までしか出せなかったため、東京六大学野球連盟では、バックネット裏に特別指定席を設けて優待券を発行、五万円を作り出し、建築費を補ったのであった。

それまでの六大学野球は、各校のグラウンドで行われ、早慶戦も、早稲田の戸塚球場(後の安部球場)、慶應の新田球場で行われていた。神宮球場での最初の早慶戦は、大正十五年秋の第一回戦に行われ、昭和二年秋からは、両校の球場と併用せずに神宮球場で全試合行われるようになった。

ちょうど、塾野球部と早慶戦の黄金時代に差し掛かる時で、塾野球部には、宮武三郎、山下実らが活躍、昭和三年秋には、十戦十勝の全勝優勝を成し遂げ、ストッキングの青赤青の赤の帯に、記念の白線が加わった。『若き血』、『丘の上』も昭和二年、三年に作られている。

当初は、すぐには満員になることはないだろうと言われていた二万九千人収容の球場も、最初のシーズンから来場者が球場外に溢れ出た。そのような中で、リーグ戦を終えた昭和四年十一月一日、明治神宮大会で天覧の早慶戦が実施された。

その日も、入場できないファンが、球場を「十重二十重」にも取り巻く状況で、陛下と共に来られた秩父宮殿下から、

◉満員の慶應側スタンド
（昭和８年春季早慶戦を報じるニュース写真より）

球場を拡張してはとの御下問があった。御説明役の、早稲田の安部磯雄と塾員平沼亮三が、貴賓席から明治天皇を記念する聖徳記念絵画館が見えなくてはならないので、拡張できない旨をご説明したところ、殿下から、(気にせずに)「拡張して多くの人に見せるようにしては」と重ねてお言葉があった。

このお言葉に力を得た六大学野球連盟は、理事会を開いて拡張を決定し、外苑管理評議会や明治神宮をはじめとする関係各所との手続きも行ったのであった。総工費は五十四万余円、全て、六大学野球連盟が負担した。これによって、内野スタンドも外野スタンドも大幅に拡幅し、収容人数も五万五千名となった。球場を取り巻くスタンド下のアーケード型通路はこのスタンド拡幅によって出来たものである。

ちなみに、神宮球場が他の多くの野球場の方角と異なり、外野手にとっては太陽が眩しくフライがとりづらいのも、ホームベースからセンター方向延長線上に、絵画館が見える方角になっているからである。

改築後の最初となる昭和六年春の早慶戦は更に盛り上がる。当時の東京日日新聞は試合前から「応援戦術芸術化」等の見出しで記事を載せ、第一回戦後、「リズミカル応援合戦」の見出しでこう報じた。

「バンドを擁す組織を確立した両応援団は、田村（慶）溝口（早）リーダーのタクトで互いにエールを交換、紳士的協定がよく実行され、バンド奏楽は悪野次を吹っとばし合唱―拍手―応援がリズム化し効果百パーセント、敵勢に応じて戦術の妙をつくし、この応援戦は正しく五分と五分、慶應が軽快な気力で押せば、早大が豪強な底力でこれを迎え、早に荒削りの頑健あれば、慶に近代的な明朗がある。」

戦時の弾圧と戦後の復興

早慶戦、そして六大学野球のメッカとなった神宮球場の情景も、戦時色が強くなるにつれて変化し、更に文部省の弾圧を強く受けるようになる。「真剣勝負は一本勝負に限る」との妙な理屈で十六年秋季から一回戦制に改めさせられた。また、敵性語の排除は野球用語だけでなく応援にも及ぶ。明治以来の義塾伝統のエール「ヒップ・ヒップ・フレー・慶應」も、教授三辺金蔵のアイデアで「趹起趹起奮へ慶應」と言い換え、辛うじて生き残った。

強まる弾圧に対し、六大学野球連盟は、各大学の学長中で最も野球の理解者である塾長小泉信三に、対処を依願する。小泉は、体育審議会等で、敢然と軍部と文部省に対して反論した。しかし、十八年四月、文部省から六大学野球連盟の解散が言い渡され、リーグ戦は中止となった。代わりに球場には高射砲が設置されたのであった。

なお、出陣学徒壮行の「最後の早慶戦」も神宮では行うことが出来ず、早稲田の戸塚球場で行われた。現在では、総合学術情報センターに変わってしまったが、早稲田の野球を支えた飛田穂洲らの胸像と共に、記念碑が建っている。

昭和二十年、終戦により、未だ空襲の傷跡の露わな球場に野球が戻ってくる。神宮球場は五月二十五日の空襲で大きな損害を受けていた。一塁側アーケード下には、都民への配給用薪炭が、三塁側アーケード下には、都の建築用資

●子供向け野球雑誌の表紙（昭和22年）

材等が高く積んであったので、焼夷弾から引火、火の海になったのであった。その球場で、十月二十八日、OB選手も含めた全早慶戦が開催された。その日のことを球場長で早稲田OBの伊丹安広は次のように回想している。

「復員した選手に、先輩を加えて行われたオール早慶戦は、神宮球場における野球復興の第一戦ばかりでなく、わか国における戦後野球の第一戦でもありました。……手洗が使えないので、スタンドの最上段に、沢山の肥たごが準備されましたが、これが火災によって亀裂のできたコンクリートを通して流れ出し、アメリカ軍の事務所の書類を汚しました。」

この全早慶戦は、野球関係者だけでなく、敗戦に打ちひしがれた国民に、新しい時代の到来を感じさせるきっかけともなった。例えば、後に、義塾に入学して体育会バレーボール部で活躍、ミュンヘンオリンピックの優勝監督にもなった松平康隆は当時旧制中学の四年生であったが、三塁側で観戦している。そして、満員のスタンドに、「生きている、ああ、死ななくてすんだ」と感じ、「私に終戦を一番実感させてくれたのが、あの早慶戦だった」と後に語っている。

また、これがきっかけにキャンパスの空気も変わった。日々の暮らしで精一杯の塾生達がどうしたらキャンパスに戻って来るか、応援指導部員達は思案していた。そのためには、早慶戦が一番良いと考え、両校野球部関係者の話からはじまったこの全早慶戦に尽力した。五島岩四郎ら当時の部員達は、これを「学園復帰運動」と位置付け、その動きはその後の義塾創立九十年祭へとつながって行った。

◉神宮球場での復活全早慶戦（松平康隆氏アルバムより）

プロ野球と共存の時代へ

終戦後、昭和二十七年に返還されるまで、神宮球場は連合軍に接収されていた。その間は、「ステートサイド・パーク」となり、GHQの好意という形で貸与されることはあっても、後楽園をはじめ他の球場中心でリーグ戦を進めざるを得なかった。

返還後、今日に至るまでの半世紀余の間には、三十七年のナイター設備完成、五十三年には外野席が芝生から椅子席へ、五十七年にはグラウンドが人工芝へと改修等が重ねられてきた。雨が降ると不便だった芝生の外野席、砂利混じりの長椅子の座り心地の悪さに貸し座布団屋がいた内野席等、学生野球の球場らしい素朴さも薄れて来た。

そのような中で球場としての在り方が問われることもあった。例えば、ナイター設備導入については、「学生野球の優先、球場の品位保持に問題がある」とその計画が出てから四年を要した。また、隣の第二球場をヤクルトの前身、国鉄スワローズのフランチャイズ球場として増築する案が出た時には、職業野球が本拠とするのは如何なものかと国会の文教委員会で議論されるに至った。結果としては、その第二球場プランは縮小したが、逆に神宮球場での併用が進み、今日では学生野球とプロ野球の主客が逆転したような観もある。しかし、その歴史的経緯からも明らかなように、学生野球中心の球場としての在り方は大切に守りたいものである。

小泉信三は、最晩年まで、双眼鏡を手に、熱心に神宮球場に通った。義塾の試合が無い時にも「敵情視察」と言いながら出かけることもあった。「大学野球」というエッセイで、

「かりに対校競技に熱中した体験を持たずに終わった学生生活は、学生生活というに値しない、というものがあっても、それはさほどの言い過ぎとは思われない。たかが運動競技などというのは、出世主義の秀才あたりの言い草に過ぎない」

と書いた。そして春秋の早慶戦後のリーグ戦閉会式の情景をこう描いている。

「シーズン中、席を並べて試合を見た人々は、たがいに「ではまた秋に」「ではまた来年の春に」と挨拶を交して別れ、散じる。それは人々に哀愁を感じさせるとともに、シーズン中健闘した青年等に幸い多かれと思う心を切ならしめるひと時でもあるが、そのひと時を実に愛すると私は言いたいのである。」

この一節に共感し首肯する塾員は少なくないことであろう。

［山内慶太］

市民スポーツの父　平沼亮三

平成二十（二〇〇八）年十一月八日、慶應義塾創立一五〇年記念式典が新装なった日吉キャンパス陸上競技場で挙行された。その際、司会を務めた石坂浩二さんの視線の先、バックスタンド側に、かつてはメインスタンド側にあった**平沼亮三の胸像**が移設されていた。今回は「市民スポーツの父」と称された平沼亮三について著わすことにする。

スポーツ好き

平沼家の祖先は、鹿島神宮で神官をしていた家系といわれているが、明暦年間（一六五五〜五八）に保土ヶ谷に移住、酒造業を営んでいた。亮三の祖父五代目九兵衛は、天保十（一八三九）年に現横浜市西区平沼付近十万余坪を埋め立て、新田を開拓した。この頃から製塩業にも手を伸ばした。亮三の父六代目九兵衛は、文久三（一八六三）年に平沼新田に移住、帷子《かたびら》川と石崎川に挟まれた地域の埋め立て事業を完成させた上、県会議員を十二年も務めた。

亮三は、明治十二年二月二十五日、このような地主としての大家に生まれた。始め近所の学校に通うが、「お大尽の

◉日吉の平沼氏胸像

息子が来た」などとからかわれて馴染めず、父同士がいとこであり慶應予科の教授をしていた松本良三が幼稚舎への入学を勧めた。幼稚舎の『入社名簿第二号』に「明治二十二年六月二一日入社　神奈川県久良岐郡戸太村平沼七五番地　平沼亮三」と記されている。

始めは、保土ヶ谷駅から通学していたが体力的に厳しく、福澤諭吉が寄宿生になることを勧めた。しかし、幼稚舎の寄宿舎は既に一杯で、幼稚舎と廊下続きになっていた幼稚舎教員酒井良明宅に寄宿することになった。酒井寄宿舎は、当初、幼稚舎生の寄宿のみであったが、幼稚舎を卒業してからも置いてもらう者が増え、亮三も大学を出るまで厄介になっていた。

幼稚舎の自由闊達な校風に亮三の気性が合い、相撲、柔道、玉ぶつけ、輪回しなど仲間の先頭に立って行い、スポーツ好きが形成されて行った。特に相撲が好きで（これは一生を通じてそうであった）、勝っても負けてもニコニコしていたという。

普通部に進学、明治三十一年には大学部理財科を卒業している。大学時代は野球部に所属し四番三塁を務めていたが、当時の慶應のレベルは低かったようだ。大人になってからは、柔道、剣道、相撲、野球、テニス、ピンポン、バドミントン、スケート、登山、ボート、水泳、乗馬、陸上、器械体操、バレーボール、ハンドボール、バスケットボールなど二十六種目のスポーツをこなした。

大正三年には慶應野球部の米国遠征の団長、さらにロサンゼルス・ベルリン両オリンピックの日本選手団長をも務めている。その後、東京六大学野球連盟会長、日本陸上連盟初代会長、日本体操連盟初代会長、日本ハンドボール協会会長、日本バレーボール協会会長、全日本学生水上競技連盟会長などの職に就き、アマチュアスポーツの振興に獅子奮迅の活躍をした。なお、大正四年に亮三がアイスホッケーの防具を輸入したのが、日本アイスホッケーの始まりになったということもある。

そのスポーツ好きの彼の家が実に興味深い。関東大震災で四男、四女の二人の愛児を失った平沼町の家を引き払い、現横浜駅の北西に当たる沢渡《さわたり》に引っ越した。敷地は三千坪もあり、二千坪の山林、三百坪の洋館、あとの七百坪は運動施設であった。

運動施設と言っても並みのものではない。テニスコートはクレイと芝と二面あり、そこは小野球場にもなった。器械体操の施設、相撲場、柔剣道場、バドミントン、デッキテニスがあり、日本間の廊下には鉄棒があって天井が丸くくりぬいてあった。ここを通る者は、懸垂などをやる決まりになっていたというから痛快である。そして客人のために、無数の運動シャツと運動靴とが用意されていた。スポーツ好きでこの邸を度々訪れていた小泉信三は、彼の自叙伝ともいうべき『スポーツ生活六十年』の序文で次のように述べている。

「主人公は此家に住んで朝夕其体力と熟練とを試みて毎日楽しみ、又屢々《しばしば》客を其庭に迎へ、運動をすゝめて其の楽みを己の楽みとする。この庭に迎へられて主人のすゝめに逢へば、腕に覚えのある者も、ない者も恐らく上衣を脱ぎ、靴を穿き替へて芝生の上に降り立たない訳には行くまい」

慶應の先輩、後輩はもちろん、スポーツ愛好者には性別年齢を問わず施設を開放し、食事、入浴、宿泊の世話をした。特に食事は、「スポーツライス」という平沼家名物があり、それは実はカツカレーであった。元巨人軍の千葉茂がカツカレーの元祖という話があるが、年代から考えると平沼家のスポーツライスが元祖と言える。このような大変ユニークな邸宅がどこにあったかと探していると、昭和四年測図、昭和二十二年製版の横浜三千分の一地形図「三ッ澤」に「平沼邸」の文字を発見した。神奈川区沢渡五五番地で、横浜翠嵐高校の東側に当たる地であった。

横浜市長として

亮三は、実業界においてキリンビール、東京會舘、帝劇、玉川電気鉄道、東京ガス、東京生命、スタンダードガソリンはじめ実に多くの役員になっているが、資本参加だけの重役であり、自ら独立して会社を興し、事業を切り盛りしたわけではなかった。彼の人に愛される性格によって成せたことであろう。

政界では、明治四十一年に神奈川県会議員になったのを皮切りに、明治四十三年に横浜市議会議員、大正十三年に衆議院議員、昭和七年に貴族院議員となるが、最も亮三の名を上げたのは、晩年の昭和二十六年から務めた横浜市長職であろう。

空襲で大きな被害を受けた横浜を再び活気ある町に立ち直らせることと、進駐軍によって占領されていた施設の返還に力を尽くした。

亮三が大日本体育協会会長であった昭和二十一年に自らが始めた国民体育大会を、昭和三十年に神奈川県で開催する運びになった。三ッ沢競技場で開催された時のことである。七十六歳の亮三市長は、全くのサプライズでやにわにモーニングを脱ぎ、白鉢巻を締めてランニング姿になった。聖火リレーの最終走者として、トラック半周、続いて五十六段の階段を駆け登って、聖火台に火を点じた。昭和天皇は、その時の様子を翌年の新年歌会に「松の火を　かざして走る　老人《おいびと》の　ををしき姿　見まもりにけり」と発表された。この歌を賜ったとき、亮三は人目もはばからずに、ボロボロと大粒の涙を流した。また、同年にスポーツ関係としては初の文化勲章を受章している。

逝去後の昭和三十七年に**三ッ沢公園**に聖火ランナー姿の亮三の像が建てられた。正面に秩父宮妃殿下の御染筆により**「平沼さんの像」**と刻まれ、碑文は小泉信三が認め、「今此處ニ聖火ヲ掲ゲテ走ルモノハ単ニ一個ノスポーツマンデナク眞ニ有道高徳ノ人姿トイウベキデアロウ」と結んでいる。

◉平沼亮三像（三ツ沢公園）

また、秩父宮妃殿下の筆による陛下の句碑が、像の脇の茂みの中に建てられている。

平沼記念体育館

昭和三十四年四月十三日が二期目の市長任期満了であったが、その時を待たず、二月十三日享年七十九で天寿を全うした。二十五日には平和球場で市民葬が行われ五万人が会葬した。受けるより与えることを幸いとした亮三の人柄を表した弔辞を、友人代表として小泉信三が述べている。墓所は西戸部三丁目の**願成寺**にある。門を潜ると右側に平

◉平沼記念体育館資料室に掲げられている肖像画（小絲源太郎画）

◉平沼亮三資料室の展示

沼家の墓所がある。正面に父九兵衛・母千代子夫妻の大きな墓石があり、その右側にやや小ぶりの亮三・婦美夫妻の墓がある。

昭和四十五年には、「市民の誰もがいつでもスポーツのできる体育館」を提唱していた亮三を記念して、三ツ沢公園に**横浜市平沼記念体育館**が建設された。体育館の記念棟二、三階は、亮三の写真、文化勲章はじめゆかりの記念品を展示した資料室になっている。昭和五十四年には野球殿堂入りも果たしている。

さて、日吉競技場の胸像だが、昭和三十年潮田塾長が発起人となって喜寿の祝賀会が開かれた際、全国の競技団体から贈られたものである。芸術院会員吉田三郎作の胸像が除幕されると、亮三ははにかみを見せて笑い、その横に並び胸像と同じポーズをとって、観衆にウインクしておどけて見せた。そして、この胸像は塾の体育会に寄贈され、日吉競技場に置かれることになった。実は、石坂浩二さんは亮三の外孫に当たる。祖父と向かい合いながら、式典の司会を務めるとは不思議な縁《えにし》である。石坂さんが祖父の家を訪ねると、でんぐり返しをさせられ、相撲やキャッチボールの相手をしてくれたという。そして普通部の労作展には、必ず足を運んでくれたという思い出が残っているという話であった。

昭和三十三年に横浜開港百年祭で、関東大震災、戦災の苦難を乗り越えて、亮三市長は「横浜の第一世紀に終わりを告げ、横浜の第二世紀を迎えるスタートの年」と述べたが、その横浜も二〇〇九年、開港百五十周年を迎えた。最後に「幼稚舎同窓会報」の題字は、今も平沼亮三のものを使用している。

［加藤三明］

芸術は爆発だ！

岡本太郎

昭和四十三、四年にメキシコでホテルのために制作され、行方不明だった横三十メートルもある壁画「明日への神話」（現在渋谷駅に設置）が、平成十五年にメキシコで発見されると、にわかに岡本太郎の名を再び、耳にするようになった。

平成二十三年は、岡本太郎生誕百年に当たり、いくつかの催しが開催された。NHKでは、ドラマ「TAROの塔」を放映、東京国立近代美術館では三月八日から五月八日まで「岡本太郎展」が開催され人気を博した。混沌とした今の世の中において、情熱を持って、権威・権力に媚びないストレートな太郎の作品と生き方に共感するのであろうか。

明治四十四年二月二十六日、神奈川県橘樹郡高津村二子（現川崎市高津区）の母の実家、旧家「大和屋」大貫家で岡本太郎は生まれた。父は、後に漫画家として一世を風靡《ふうび》した岡本一平。母は、歌人として、後に小説家として名を成す岡本かの子である。

二子新地駅から程近く、大山街道に面した大貫家の跡は、二子二丁目公園とマンションになっており、「大貫家の人々」という案内板が立っている。その近く、多摩川のほとり、二子神社には昭和三十七年、太郎作の**かの子文学碑「誇り」**が、川の生命に身をあらわし、たくましく生きぬいた人間のあかしとして建っている。

太郎は就学年齢となるが、三度転校を繰り返し、大正七年、一年生をもう一度やる形で慶應義塾幼稚舎に入学する。寄宿舎でいじめに遭ったり、自殺を考えたり、太陽と話したり、嫌な先生の授業は耳を塞いでいたり、そんな子供だった。太郎は普通部卒業後、東京美術学校（現東京藝術大学）に入学するが、一年後にパリに渡っている。

平成二年、歌手の藤山一郎氏が幼稚舎生に話をして下さった時、「幼稚舎の時、僕の成績はビリから二番目、一番ビリは岡本太郎です」と笑いを誘っていた。普通部での話かもしれないし、真偽の程も確かではないが、この話をよく吹聴していたらしい。これに対して太郎は、「おまえは全部授業に出て、ビリから二番目じゃないか。僕は一日も出ていないんだから、ビリでもしかたない」と。同級生で小説家の野口冨士男は『いま道のべに』に、昭和十五年、パリから帰国した太郎の歓迎の席を設け、自分は子供の頃から天才だったという太郎に「ちっとも進歩してねえってことなんだ」とからかっている。

◉幼稚舎　大正13年卒業アルバムより、左から２番目が岡本太郎。

岡本太郎記念館

青山高樹町三番地に一平、かの子、太郎一家は永らく暮らした。当時、この周辺は浅野の森と呼ばれる鬱蒼とした森があるなど、まだ田舎の風情を残しており、太郎はそこを裸足で駆け回っていたという。

昭和二十九年、太郎はこの青山の地に戻り、ル・コルビュジエの弟子で友人である坂倉準三の設計で、住居兼アトリエを建て、平成八年の逝去まで、そこに住まっていた。

表参道駅から歩いて八分程、港区南青山六－一－十九の旧岡本太郎邸は、平成十年から**岡本太郎記念館**として作品を展示し公開されている。

太郎は、作品がガラスケースに入れられることを好まず、「切られてなにが悪い！　切られたらオレがつないでやる。それでいいだろう。こどもが彫刻に乗りたいといったら乗せてやれ。それでモゲたらオレがまたつけてやる。だから触らせてやれ」という考えであった。そういう考えが継承されているのか、写真撮影を禁じていない。

絵の具が床に飛び散ったままのアトリエには、毛に絵の具が染みた筆や未完のキャンパスなどが置かれており、太郎がここでいつでも作品に取り掛かれる様相を呈している。

川崎市岡本太郎美術館

「芸術は大衆のもの」という考えの太郎は、作品を個人に売るということをしなかった。一枚しかない絵を金持ちなどに売ってしまうと、大切にしまわれて、みんなの目に触れることがなくなってしまうことを嫌ったからである。だから、多くの作品が手元にあった。

◉「母の塔」（川崎市岡本太郎美術館）

平成三年、太郎は三五二点の作品を、母と自分が生まれた川崎市に「オレは絵は売らない主義だ。だから売らない。その代わりに全部やる」と寄贈し、これを受けた市は美術館建設を決定した。平成五年に一四二七点が追加寄贈され、美術館建設の計画が進むが、**川崎市岡本太郎美術館**が開館したのは、逝去三年後の平成十一年であった。絵画、オブジェなどが余裕をもって展示され、屋外には、昭和四十六年に原型が製作された**「母の塔」**が聳《そび》え立っている。場所は生田緑地内にあり、向ヶ丘遊園駅より徒歩十五分の所になる。

太陽の塔

太郎の最も有名な作品と言えば、やはり昭和四十五年に開催された大阪万国博覧会場に造られた**「太陽の塔」**であろう。大阪モノレール万博記念公園駅から公園正面ゲートに向かって歩くと、早くも「太陽の塔」が目に留まる。真下へ行くと、高さ七十メートルの塔が、生き残っているのは俺だけだという威厳を感じさせる。

万博テーマ展示プロデューサーの声が掛かった時、周りの者は皆反対したというが、反対されるとそれなら闘ってやろうじゃないかというのが太郎である。高度成長期の真っ只中で「進歩と調和」というテーマが決定されていたにもかかわらず、「人間なんて進歩していない。調和なんて妥協だ」と考える太郎が、頼まれてもいないベラボーなモニュメント「太陽の塔」を、既に計画されていた丹下健三設計の大屋根を突き破って造ってしまった。

当時、日本人の二人に一人が訪れたという大阪万博。中学三年生の私も、ご多分に漏れず訪れたが、「月の石」など海外のパビリオンに気を取られ、「太陽の塔」の地下、内部に施された壮大なテーマ展示を見た記憶はない。今となっては返す返すも残念である。

「太陽の塔」の正面右手には、万博当時の鉄鋼館の建物を利用して、平成二十二年「ＥＸＰＯ'70パビリオン」がオープンし、資料、写真、映像、模型によって往時を偲ぶことができる。

吉奈温泉　御宿さか屋

修善寺駅から車で二十分、吉奈温泉の**御宿さか屋**は、太郎が贔屓《ひいき》にした宿である。太郎は、「京都の庭などはいかにも人に見てくれというところが嫌いだ。ここの景色の押し付けがましくない素朴なところがいい」と先代の主人と意気投合した。

◉太郎さん風呂（御宿さか屋）

この宿には、太郎がデザインした「太郎さん風呂」がある。女性が座った跡を表現したという曲線を使った湯船で、当初は、湯船の底の中心になだらかな丘があったという。太郎の「座ることを拒否する椅子」も二つ置かれている。

また、太郎が好んで、太郎が命名した猪の肉と天城野菜の鉄板焼き「大名焼」という美味しい料理もある。宿の中には、七〇年代にパリで開催された個展から直接ここに送られた多くのリトグラフをはじめ、至る所に太郎のリトグラフ、書、グッズが飾られている。

「太郎さんプラン」という宿泊プランがあり、これは大名焼を食べ、ご主人や女将さんから太郎のエピソードを伺えるというものである。さらに「太郎さんDXプラン」はそれに加え、太郎が泊まった館山荘の部屋に宿泊し、平日のみだが「太郎さん風呂」を貸し切れる。まさに太郎ファンにとっては垂涎の宿であろう。

墓所

晩年は、よくテレビに出演し、変なおじさんとして笑いをとっていた。今、インターネットでタモリとの対談を見ることができるが、本当に笑ってしまう。しかし、時折、熱い語り口の中に、ごまかしの無い生き方を感じさせられ、ハッとする。

太郎は、パーキンソン病の進行による急性呼吸不全によって平成八年一月七日に八十四歳で静かに息を引き取った。**岡本家墓所**は、**多磨霊園**一六区一種一七側にある。父一平が「かの子菩薩」と崇めた母かの子の墓は、観音菩薩が刻まれている。父一平の墓は、太郎の考えで**「顔」**が置かれている。

「顔」は、昭和二十九年いけばな草月流勅使河原蒼風から花器を依頼されて作った、太郎初の立体作品である。そして、太郎の墓は、長年のパートナーで、養女であり、今は太郎の傍らに眠る敏子が選んだ**「午後の日」**である。「午後の日」は、可愛くて、愉快で、寂しくて、手に力が入っている……太郎、そのものであろう。

◉太郎の墓「午後の日」（多磨霊園）

太郎の壁画、モニュメント、梵鐘、暖炉などの多彩な作品は、全国各地で目にすることができる。それらの作品と場所は、川崎市岡本太郎美術館のＨＰから太郎入門＞岡本家の人々＞岡本太郎＞訪ねる、を参照すると良い。

［加藤三明］

越後

西脇順三郎と吉田小五郎

西脇順三郎

詩人・英文学者として名を馳せた西脇順三郎は、明治二十七年一月二十日小千谷にて、小千谷銀行頭取・小千谷町長を務めた西脇寛蔵の次男として生まれる。旧制小千谷中学（現小千谷高校）卒業後、明治四十四年に画家を志して上京するが、画学生の気風になじめなかったところに父の急死があり、画家を断念し、翌年慶應義塾大学理財科予科に入学する。大正六年に卒業後、文学者として生きることを決意して予科教員に就任、大正十一年には慶應大学の留学生として、オックスフォード大学ニューコレッジで古代中世英語英文学を学ぶ。留学中、英国人画学生マージョリ・ビッドルと結婚し（昭和七年離婚）、“Spectrum”という英文詩集を自費出版する。大正十四年に帰国、翌年慶應義塾大学文学部教授に就任、以後英文学を教える傍ら、モダニズム、シュールレアリスムの詩人として多くの詩集を出版し、四度もノーベル文学賞候補に上がっている。

◉西脇本家

上越新幹線長岡駅から上越線で南下すること二十分弱で、小千谷駅に到着する。小千谷は、八海山、中ノ岳、越後駒ヶ岳の越後三山を望み、信濃川の河岸段丘に開けた町である。米どころであるが、冬は積雪が三メートルも越えることもある雪深い所でもある。

小千谷で西脇と言えば、小千谷名産の縮《ちぢみ》商人として財を成した名家として知られている。駅正面の道を進み、信濃川に架かる旭橋を渡ると本町通りとなるが、そのまま直進した右手に、今は無住だがかつての繁栄ぶりをうかがわせる**「西脇本家」**（本町二丁目七－六）がある。

西脇一門は、本家を中心に「西新《さいしん》」「西義《にしぎ》」「西清《にっせい》」の分家で構成されているが、順三郎は「西清」の家に生まれる。順三郎の祖父に当たる「西清」の祖・西脇清一郎は、婿養子として本家に入り、十代目当主となったが、九代目に実子・国三郎が生まれたため、分家して「西清」を起こした。順三郎の生誕地は、本家の裏手、茶郷川に架かる堺橋のふもとに当たり、今は空き地の広がった一角に甥に当たる西脇正久氏宅（平成一丁目二－一五）がある。

◉西脇順三郎先生寿像（小千谷市立図書館）

上京した順三郎は、あまり小千谷に帰ることはなかった。特に昭和二年マージョリ夫人を伴って帰省した時、夫人を奇異な目で見られてからはなおさらであった。「小千谷なんて大嫌いだったんです」「ガソリンの匂いが大好きで、東京へ着くとガソリンの匂いがして、それが好きだった」と安東伸介との対談で語っている（「初夏の一夕」『ミメーシスの詩学 安東伸介著述集』所収）。戦時中は、疎開地として致し方なく小千谷で過ごしたが、実家に戻ったわけではなかった。

そんな順三郎であったが、昭和五十年妻・冴子（父は柏崎出身）に先立たれてから、毎年小千谷を訪れるようになり、子どもの頃の思い出の地を巡歴するようになる。

「私は老いるにつれ、自分の生まれ故里をよかれ、あしかれ、だんだん、なつかしむようになったということは、鮭などと同じく生まれたところへもどってくるのと同様なことだ。それは自然の現象であろう。」（『宇宙的な心細さ』）

昭和五十一年に順三郎は、蔵書多数を小千谷市に寄贈し、

◉山本山からの景色

翌々年**小千谷市立図書館**が開館した際、その一室に**「西脇順三郎記念室」**が開設された。現在、市立図書館三階に「西脇順三郎記念室」と「西脇記念画廊」が設けられている。「記念室」正面には、順三郎が寄贈したシェークスピア、エリオット、ローレンスなどの洋書約千二百冊が並べられている。左手には順三郎関係者の著作が置かれ、彼の書簡、カメラ・万年筆などの愛用品も展示されている。

隣室が、生涯絵画を嗜んだ順三郎の絵を展示した「画廊」になっている。近くの小出町出身のベースボールマガジン社社長故池田恒雄氏からの寄贈品を中心に、約六十点を所蔵し、うち十点ほどが展示されている。

既に衰えの様相を見せていた順三郎であったが、息子順一氏のロンドン転勤もあり、昭和五十七年五月十日、郷里に戻って小千谷総合病院に入院する。そして六月五日、故郷の景色が望める病室にて静かに息を引き取る。市民葬も執り行なわれ、**照専寺**（平成二丁目二－三七）の「西清」の墓所に分骨された。墓石正面には「萬霊塔」、裏面には「明治廿六年五月　西脇清一郎」と刻まれている。照専寺の本堂前庭には、

この菩提寺の茶室に招かれて
静かにせんべいをたべたことも
また先祖のこの石も

とある順三郎の詩碑も置かれている。

晩年の順三郎が、いかに小千谷を愛していたかという証拠に、小千谷高校、小千谷西高校、小千谷中学校、小千谷小学校と四校もの校歌を作詞している。しかも、小千谷高校と小千谷西高校には校歌の碑が建てられている。

他に小千谷における順三郎の詩碑は、船岡公園の**「舟陵の鐘」**の碑と**山本山山頂にある碑**がある。市街中心から南方に車で二十分、公園になっている山本山山頂に到着する。ここに大ぶりな**順三郎の詩碑**（昭和六十年建立）がある。表に

は母校の小千谷小学校創立百周年に創られた次の詩が刻まれている。

山あり河あり　暁と夕日が綴れ織る
この美しき野に　しばし遊ぶは
永遠にめぐる　地上に残る偉大な歴史

裏には『旅人かへらず』終章からの、

この山上は　わが青春時代より散策し
郷里の偉大なる存在を　感ぜしところなり

◉黒船館外観

が記されている。この場所は、順三郎が生前、詩碑を建てるならこの場所にと希望した所だけあって、南東近くに信濃川の蛇行、遠くに越後三山、南西に妙高・黒姫などの北信の山々、北は新潟平野を隔てて弥彦山、眼下に小千谷の市街が広がる絶景の地であった。「この辺の景色はどうも好きになれない」と記していたが、この景色を見ると、「ぼくは小千谷へ行って信濃川を見て、小千谷の塩辛い料理を食べて死にたい」と晩年小千谷に吸い寄せられていった順三郎の気持ちが解る。

吉田小五郎

小千谷から北前船の寄港地であった柏崎へは、江戸時代、二本の街道が通じており、この道を通して小千谷の縮が全国に流布し、上方の文化が小千谷に流入した。現在は国道二九一、二五二号線を通って、車で四十分の道のりである。元慶應義塾幼稚舎長で、キリシタン史の碩学吉田小五郎は、明治三十五年一月十六日柏崎で生を受けた。

旧制柏崎中学を卒業後、大正八年慶應義塾大学文学部予科に入学、同十三年文学部を卒業するとすぐに幼稚舎の担任として就任する。戦時中は、同年生まれで、福澤諭吉の孫である清岡暎一主任（幼稚舎長）が病身であったため、伊豆修善寺、津軽木造での疎開学園の責任者として尽力し、全員無事帰京を果たした。

昭和二十二年より九年間、幼稚舎長を務め、その間、優等生を表彰する「金巻名誉録」を廃止し、全国に誕生していたPTAを作らないなど、男女共学になった新生幼稚舎の理念を確立していった。同四十年幼稚舎を退職するが、引き続き幼稚舎史の編纂に携わり、同四十五年『稿本慶應義塾幼稚舎史』を完成させる。

同四十八年、一人住まいを心配した甥の花田屋四代目直太の勧めもあって柏崎の生家に戻り、地元の「越後タイムズ」に「柏崎だより」を十年にわたり連載した。

小五郎の生家**「花田屋」**は、天保十三(一八四二)年から続く呉服商で、明治初年から本町通りの柏崎市東本町一丁目一五-七の地で開業していた。平成十年本町通りの再開発により、一帯がショッピングモール・フォンジェとなり、花田屋はその一階で、呉服、レディースアパレル、寝具を販売している(東本町一丁目一五-五)。

キリシタン研究者としては『日本切支丹宗門史』の翻訳や『キリシタン大名』などの著作がある小五郎であるが、民藝運動の柳宗悦に共鳴し、日本民藝館の開設にも関わっている。明治時代の石版画(リトグラフ)と丹緑本(墨刷りの版本に肉筆で彩色したもの)の蒐集にもつとめ、数々の論評を発表し、『明治の石版画』、『TANROKUBON』をも刊行している。

小五郎の兄、花田屋三代目正太郎は、慶應義塾普通部に入学、予科に進学するが、父の病気で退学し、郷里に戻ったという人であったが、彼もまた少年時代から骨董趣味を持ち、「黒船こそ、真に宝船中の宝船」と語ってペリー来航時の瓦版を中心に蒐集し、版画家川上澄生と親交を持ち、多くの作品を所有していた。

正太郎・小五郎兄弟の蒐集品は、柏崎から車で二十分、または信越本線青海川駅から徒歩十分、日本海を望む「風の丘　柏崎コレクションビレッジ」の**『黒船館』**に収蔵・展示されている。以前は花田屋の蔵で開いていた『黒船館』は、平成七年四月にここに移動し、正太郎の孫・花田屋五代目直一郎氏が館長を務めている。

昭和五十八年八月二十日、八十一歳で小五郎もまた郷里で亡くなり、花田屋裏の**常福寺**に墓がある。小五郎の幼稚舎時代の教え子で、英文学では順三郎の弟子である故安東伸介慶應大学文学部教授は、この二人の対談の案をもっていたが、実現することはなかった。なお、平成二十五年十一月には、没後三十年ということで慶應義塾大学出版会から『吉田小五郎随筆選』(全三巻+別冊)が発刊された。

[加藤三明]

堀口大學

「幻の門」を作詞した詩人であり、殊にフランス語の詩の翻訳に高い評価を得て、文化勲章を受章した堀口大學の史跡を紹介したい。

　大學は、明治二十五年、東京市本郷区森川町一番地で生まれる。森川町とは現在の文京区本郷六丁目一帯で、本郷通りを挟んで東大の正門がある。しかも、その時父九萬一《くまいち》はまだ東京帝国大学の学生であった。大学生の父から、大学の近所で生まれたため、「大學」と名付けられた。

長岡

　明治二十七年、父が外交官として朝鮮に単身赴任したため、父母の故郷新潟県長岡に移り住む。翌年、母政を亡くし、以後十八歳に至るまで長岡の地で祖母千代に育てられる。

　長岡の地のどこに住んでいたかは、堀口大學研究誌『月下』創刊号に掲載された佐藤正二氏の「家はどこにあったか？」の論考に詳しく、長岡において三回の移転を経験している。初めは実家だと思われる城下外れの足軽長屋があった愛宕町に、それから町の中心の坂之上町に、翌年、同町の表通りに、最後のみ本籍地番が分かっていて観光院町九一三、現在のＮＴＴビルの近くに十年間住まっていた。阪之上尋常高等小学校、続いて県立長岡中学校に学び、この頃既に俳句に興味を持ち始めていた。

　旧制長岡中学は、大學が在籍していた頃と敷地も替わることなく、現在は**県立長岡高校**となっている。長岡駅東口を降り、正面の道（東口通り）を進むと徒歩六分で長岡高校がある。門柱は歴史を感じさせる煉瓦造りで、そこから校内に入ると、右手に大きな岩が目に入る。これは昭和四十七年に創立百年を記念して設置されたもので、ここに大學自筆による詩「母校百年」が刻まれている。

母校百年
来ては学んで巣立ちゆく
郷土の誇る俊秀を
不屈の意気に燃えつずけ
百年一日育て来た
名も長岡の高校よ
百の寿祝う学校よ
今日の目出度いこの祝賀
重ねてよ幾々度も
時空の限り

長岡高校の第二校歌も作詞している。校歌に関して言えば、市内では作曲團伊玖磨《だんいくま》とのコンビで、神田小学校、上組小学校、附属長岡小学校の校歌を作詞している。

長岡高校から南へ徒歩六分、「学校町」の交差点に**長岡市立中央図書館**(学校町一－二－二)があり、ここに**「堀口大學コレクション」**がある。平成九年から蒐集を始め、現在総数六六一〇点になっている。同コレクションは、一冊一冊中性紙に包まれ、閉架図書として保管されているが、事前に申請すれば、閲覧は可能である。

長岡駅大手口を出て、線路に沿って北に歩くこと十五分、長岡バイパスにぶつかる手前左側に、山本五十六の墓や長岡藩重臣の墓がある**長興寺**(稽古町一六三六番)を目にする。ここに正面に「累摂寃(魂)」、裏面に「明治二十九年十月十四日建　堀口九萬一」と刻まれた堀口家の墓がある。長岡市教育委員会が建てた説明板には「堀口大學先生の墓」として解説されている。長岡には「長岡　堀口大學を語る会」があり、平成十八年九月から『月下』を年二回発行している。

明治四十二年、長岡中学卒業後、上京し、与謝野鉄幹の主宰する「新詩社」に入門し、詩歌の創作を始める。翌年、二度目の第一高等学校の受験に失敗し、鉄幹の永井荷風への推輓《すいばん》により、新詩社で知遇を得た佐藤春夫と共に慶應義塾大学文学部に入学する。以来、佐藤が大學とのことを「一卵性双生児」というくらいの親交が生涯続く。

明治四十四年、慶應を退学し、父の任地メキシコに赴く。父がフランス語を母語とするベルギー人と再婚していた影響もあって、フランス語の習得に努め、さらにフランスの詩に傾倒していく。以後、ベルギー、スペイン、スイス、ブラジル、ルーマニアに居住し、大正十四年退官した父と共に帰国し、東京に住む。

妙高高原

昭和十六年から静岡県興津の水口屋別荘に疎開をしてい

たが、昭和二十年七月、妙高市関川にある妻マサノの実家、畑井家に再疎開をした。

信越本線妙高高原駅から南西に一・五キロ、関川の信号を過ぎて右側に国天然記念物の大杉がある関川天神社がある。天神社から北国街道を挟んで左斜前に屋根が二重に交差したようなグレーの家(石田家)があるが、ここが大學疎開の地である。

天神社の森に続いて、背後に妙高山を望む**妙高高原南小学校**がある。大學は妙高の豊かな自然を愛し、地域の人たちと親交を深め、地域の人々の要望で当小学校の校歌を作詞しているので紹介する。

(一番)
越後信濃の国ざかい
瀬の音絶えぬ関川の
清き流れに名にし負う
歴史にしるき関所あと

(二番)
姿凛々《りり》しき妙高の
高根の風を身に受けて
われらこの地に生まれいで
爽《さや》けき中に人となる

◉妙高高原南小学校

(三番)
匂うばかりの雪晴れの
あしたの空のけざやかさ
天は瑠璃色　地は真白
われらが行くて祝うとや

そして、校舎前にその詞を刻んだ「関川児童の歌」の碑が建てられている。

高田

昭和二十一年十一月、大學は関川から新潟県高田市(現上越市)南城町三丁目一に移転した。「広報上越」などでは、疎開をしていた高田出身の芥川賞作家小田嶽夫が招き寄せたとある。**大學仮寓の地**は、上越大通りを挟んで高田城の外堀の一つ大手堀に面していた。ここで「塘亭」という詩を詠んでいる。

家の前は城あとの濠ばた
越してきたのが北国の十一月
(中略)
新居とは名ばかりの
朽ち果てたふる家
窓の硝子はめしひ戸は傾いて
すきもる風に寒夜の夢は成りがたい
これはたうてい
老いの身の旅路の果てに行きついた
終いの棲み家のみなみしろまち

今はここに高田文化協会による**「堀口大學こゝに住む」という標柱**が建っている。高田公園(高田城址)内の上越市立総合博物館脇の「ロータリーひろば」には、大學が高田から引き揚げる際に作った**『高田に残す』の詩碑**がある。

高田に残す
ひかるゝおもひうしろがみ
のこるこゝろの　なぞ無けん
すめば都と　いふさへや
高田よさらばさきくあれ
おほりのはすよ　清う咲け
雪とこしへに白妙に

葉山

昭和二十五年、高田から引き揚げて、神奈川県葉山町に転居、同二十八年、葉山町堀内一二二九に転居し、晩年を過ごした。

自宅から海に向かって六分歩くと、相模湾を越えて富士を望める森戸神社に着く。その本殿左側にいくつかの顕彰碑・歌碑が立っているが、その中央に、昭和五十一年に町制五十周年を記念して建てられた**「堀口大學詩碑」**がある。

花はいろ　人はこころ
こころこそ　こころこそ
死ぬことのない　いのちなの

花はいろ　人はこころ

という詩「花はいろ」の第一連「花はいろ　人はこころ」が碑に刻まれている（口絵参照）。

葉山町立図書館は、大學逝去から半月後に開館し、以来大學の著作を蒐集して、昭和五十六年図書館二階に「堀口大學文庫」が開設された。蒐集した五百余冊の中から、入れ替えを行いながら数十点を展示ケースの中で展示してある。開館中ならいつでも入室できる。

「葉山町歌」「葉山町立葉山小学校校歌」を團伊玖磨作曲で作詞し、昭和五十年に葉山名誉町民になっている。「葉山町歌」の一番を紹介する。

山はみどりに海青く
遠見の富士はけざやかに
近い名島の大鳥居
竜宮城もあのあたり
凪うつくしき葉山かな
夢ゆたかなる葉山かな

逝去と鎌倉霊園

昭和五十五年十二月、脳梗塞のため倒れ、以後自宅で病床に伏し、翌年三月十五日、急性肺炎のため帰らぬ人となった。八十九歳であった。

娘の堀口すみれ子さんの長岡での講演録に病床での出来事が記されている。

「ふと目を覚ましてお布団を力なくめくって起き上がろうとするんですね。『さあ行きましょう、汽車に乗り遅れるといけないよ、急ぎましょう、さあ急ぎましょう』『どこへ行くの？』『長岡さ』って言うんですね。『どこにも行かなくていいの、ここはパパの家よ』っていうと『ああそうだったか』またとろとろしていたと思うと、目を覚まして『あんな雪の深いところで一人で暮らせるかしら、寂しいな』って言うんですね。（中略）父は死の瀬戸際でふるさとに帰りたかったのか、帰っていたのか、そういうことが度々ありました」

墓所は、自宅から車で二十分ほどの鎌倉市十二所にある**鎌倉霊園**にある。鎌倉霊園は約十七万坪もある広大な霊園で、墓所は正門右手丘の上、５区０００側８９番にあり、墓石には「堀口家代々」、裏面には「十代大學建之　一九七六年」と刻まれている。隣は川端康成の墓所であった。

［加藤三明］

避暑地軽井沢とA.C.ショー

軽井沢が避暑地となるきっかけを作ったのは、慶應義塾で教鞭を執ったA.C.ショーというカナダ人宣教師である。

避暑地軽井沢

江戸時代に軽井沢は、五街道のひとつ中山道の難所のひとつとして知られる碓氷峠の西側の宿場町として栄えていた。この周りには、軽井沢宿(旧軽井沢)のほか、沓掛宿(中軽井沢)・追分宿(信濃追分)が置かれていた。この三宿をまとめて「浅間三宿」と呼び、浅間山を望む景勝地として有名であった。

明治時代に入ると、街道を往来する旅人も少なくなり、いったんは宿場町としての機能を失って衰退の一途を辿った。しかし、明治十四(一八八一)年に初版が出版された英文の旅行本、アーネスト・サトウ著『明治日本旅行案内』が同十七年に改版された際、軽井沢の爽快な気候、新道開通による交通手段の改善、良好な宿泊事情が具体的に紹介されたことにより、欧米人は軽井沢の存在を知ることになる。

同二十一年にカナダ人宣教師のアレクサンダー・クロフト・ショー(Alexander Croft Shaw)らが別荘を設けて、避暑地

◉A.C.ショー

としての軽井沢の歴史を切り開いた。同年には信越本線の長野方面が開通して軽井沢駅が設けられ、同二十六年には碓氷峠を越える部分のアプト式軌道も開通して東京と直結。また訪れる人を受け入れるホテルもでき、大正期には、西武などの資本の参入で別荘地の分譲が盛んになった。こうして、宣教師・知識人・文化人の間で人気を博し、「山の軽井沢、湖の野尻湖(長野県)、海の高山(宮城県)」として、日本三大外国人避暑地の一つに数えられたのである。

A. C. ショーと福澤諭吉

ショーは一八四六年、カナダ(当時の英領カナダ)のトロント市に生まれた。ショー家は、スコットランドに長く続いた名貴族で、後にカナダに移住。祖先はトロント市の開発の先駆者として活躍し、父は当時トロント市の連隊長であった。同市内にはいまでも「ショー通り」の名前が残されている。ショーはトロント大学に進み、在学中に聖公会聖職を志した。そして一八六九年に執事に、一八七〇年に司祭となる。同年、イギリスに渡り、ロンドンの教会に勤務するようになった。

当時、英国聖公会は、近代化の進む日本にキリスト教を広めたいと考えていた。その宣教師にショーが志願し、明治六(一八七三)年、ロンドンから大西洋、アメリカ大陸横断を経て、イギリス聖公会福音宣布協会(U.S.P.G.)派遣の宣教師として横浜に到着し、築地にあった居留地、今の聖路加病院のあたりにあった田中屋という外人宿に旅装を解いた。

しかし、日本人への宣教伝道をしたくとも、日本人との接触を十分に持つことができなかった。イギリスの公使館から、日本人を相手に宣教するならば日本人の町の中に溶け込まなくてはいけないという助言を受け、三田の慶應義塾と通りをはさんですぐ南西隣にあった大松寺《だいしょうじ》に寄宿をした。それがきっかけで福澤諭吉の知遇を得て、ショーは先生の子女のための家庭教師となる。併せて、慶應義塾の「倫理学教授」の肩書きも手に入れ、義塾の構内にあった福澤宅の隣に建てられた洋館に居住し、英人カテルと結婚した。福澤は、「我輩の家の隣には我輩の深切なる先生ミストルショーの家あり。此度び両家の間に橋を架して、我輩の家よりミストルショーの家の二階に行く可し。故に我輩は此橋を友の橋と名るなり。」(『福澤諭吉全集』第二〇巻一三八頁)と語るまで交遊を深めた。

ショーは本国に送った手紙の中で、「福澤は日本の代表的教育者で、彼と結びつきを持つことは他では得られない立場を私に与えてくれる。私は彼の造った学校で倫理、実際は聖書を青年たちに教えている。」と報告している。明治九年、ショーは三田に最初の宣教拠点として聖保羅《パウロ》会堂を設置。後に移転して、現在の港区芝公園三丁目の地に**聖アンデレ教会**を創設し、その活動を発展させた。

ショーと軽井沢

明治十八年夏、ショーとその友人で同じくスコットランド出身の東京帝国大学文科講師であったジェイムズ・メイン・ディクソン(James Main Dixon)は、蒸し暑い東京を避けて軽井沢を訪れ、佐藤万平所有の旅籠亀屋に逗留した。亀屋は明和元(一七六四)年、佐藤万右衛門が創業した老舗であったが、当時は休業状態であった。人通りの少ない静かな宿場、そのまわりに広がる草原と林、浅間山の雄大な山容となだらかな裾野と、軽井沢の気候と景観に心をひかれた二人は、翌十九年の夏も家族を伴って再訪する。ディクソンは佐藤所有の家屋を、ショー一家は、高林薫平所有の民家をそれぞれ借り受け八月下旬まで滞在した。

ショーとディクソンは、帰京後、軽井沢の夏のすばらしさについて語り、十数名の友人を誘って、翌二十年にも避暑に来た。三度の経験によって軽井沢の良さを確認したショーは、二十一年五月、茶屋つるやの主人佐藤仲右衛門の斡旋で養蚕民家を移転改造し、現在の旧軽井沢銀座商店街が尽きる南側にある小高い丘、大塚山《だいづかやま》に別荘を作った。一方、ディクソンは佐藤万平宅敷地内に旅籠を移築し、別荘とした。これが軽井沢における避暑別荘建築のはじめである。

ショーは、その後毎年家族と軽井沢を訪れ、「屋根のない病院」と絶賛し、在日外国人へも「軽井沢は保健と勉学に適している」と、夏季滞在をすすめた。これにより、彼らの別荘も年を追って建ち始めた。当時、夏休みがあっても故郷への船旅は何カ月もかかってしまうので帰れなかったため、東京のうだるような暑さに耐え切れない欧米人にとって軽井沢は格好の避暑地となったわけである。

ショーに別荘建築を斡旋した仲右衛門は、つるやを本格的な旅館に転向させ、財界人・文人の定宿となり、今も二《に》手橋《てばし》近くで営業している。また、ディクソンが米国に渡るまでの五年間、彼から外国人の生活習慣や応対技術を学んだ万平は、明治二十七年に一部を洋風に改装した。これが現在の**万平ホテル**である。避暑地・軽井沢の礎を築いたショーは、明治三十五年三月、五十六歳、東京で逝去し、**青山墓地**に夫人とともに葬られた(五六ページ参照)。昭和十一年(一九三六)八月、ショーが初めて軽井沢で避暑生活をしてから五十年を記念して、諏訪の森神社で式典が行われた。義塾で、ショーに学んだ尾崎行雄の講演の後、ショー記念碑まで「軽井沢開発五〇年祭記念パレード」が行われた。

軽井沢に残るショー関連史跡

二手橋の袂にある**日本聖公会軽井沢ショー氏記念礼拝堂**は、唐松林の中に佇む、簡素でかつ温かみのある木造建築が特徴的である。これは、ショーが明治十九年の夏を過ごした高林薫平所有の民家を、避暑に訪れた外国人向けの礼拝所としていたものを増改築し、同二十八年に当時の在日本主教エドワード・ビカーステス(Edward Bickersteth 一八二五～一九〇九)によって、日本聖公会軽井沢教会として献堂式(キリスト教で新築の会堂を神にささげる儀式)が催された、軽井沢で最も古いキリスト教施設である。工事を請け負ったのは、万平ホテル・三笠ホテルを建てた小林代造である。

建物は、大正十一(一九二二)年頃にさらに増改築されたが、平成二(一九九〇)年に建設当初の姿に復元された。ショーゆかりの礼拝堂として、聖地軽井沢の歴史を今に伝え続けている。

◉礼拝堂の前に建つショー胸像

◉ショー氏記念礼拝堂

◉ショーハウス記念館

彼の歿後、明治三十八年五月三十一日、地元の人々によって、敷地内にショーの高徳を称えた**「ショー氏記念碑」**が建立された。また、昭和六十年、教会前に建てられた**ショーの胸像**は軽井沢ロータリークラブ二十周年記念事業によるものである。ショーが大塚山に建てた別荘は、日本基督教団軽井沢教会付属の幼稚園として移築・改装されたが、昭和五十八年に解体が決定。それを惜しんだ住民の希望により、ショーが初めて軽井沢で避暑生活をしてから百年後の昭和六十一年、保健休養地軽井沢百年記念事業としてショーハウス復元委員会によって、記念礼拝堂の裏に**「ショーハウス記念館」**として移築・復元された。平成八年に軽井沢町が寄贈を受け、一般公開されている（長野県北佐久郡軽井沢町軽井沢五七－一）。木造二階建ての外観は日本の民家風だが、内部は洋館の間取りとなっており、ショーが実際に使っていた調度品なども展示され、軽井沢における初期の洋風別荘を再現している。

［大澤輝嘉］

神津家の人々

上信越道佐久インターチェンジから岩村田に向かい、県道四十四号線を走ること十五分で佐久市志賀の集落に至る。志賀には「神津《こうづ》」姓を名乗る家が多いが、藤原北家の後裔で南北朝時代に伊豆神津島よりこの地に移住したと伝えられる。信州で指折りの豪農であった神津家には、代々九郎兵衛を襲名する黒壁家と十七世紀後半に分かれた赤壁家がある。

黒壁家十九代吉助が弟国助を明治七年に慶應義塾に入塾させてから、神津家と慶應義塾、福澤諭吉との関わりが始まる。国助は卒業後、帰郷し、慶應で学んだ学問を広めようと文章会・演説会を開設、日曜義塾という私立学校をも設立するが、長続きはせず、兄吉助の佐久商業銀行の経営に加わった。福澤との交流は続き、『福澤諭吉書簡集』に国助宛のものが十二通も掲載されている。

岩村田方面から志賀の集落に入る所、左手に船着岩という岩が目に入るが、ここに後述する**神津藤平《とうへい》の胸像**が建つ。この像は、藤平が村の山林管理・相互扶助を目的として明

◉神津赤壁家

治四十二年に創設した己酉《きゆう》報徳会によって、昭和三十四年に会創立五十周年と藤平の米寿を記念して建てられたものである。さらに足を進めると、志賀中宿のバス停前に、赤い壁の屋敷が目につくが、ここが最も古い部分で元禄十五（一七〇二）年建築の**赤壁家**の屋敷である。そして上手（向かって右手）、白壁に黒い木材の屋敷が**黒壁家**の屋敷である。

　黒壁家の右横の道は、神津家の菩提寺である法禅寺への参道である。法禅寺には、赤壁家の墓所があり、始祖から年代順に背丈が同じほどの二百近い墓石が広がる様子は壮観である。寺の方の案内で、かろうじて神津藤平夫妻、神津猛の墓石を見つけた。毎年八月一日には神津家親族一同が集まって法要を行うという。

神津邦太郎（慶應元年～昭和五年）

　神津吉助の息子邦太郎《くにたろう》も、明治十四年に慶應義塾に入塾し、さらに上海に留学した。そこで欧米人と日本人の体格差から食生活の欧米化、とりわけ乳製品の摂取の必要性を実感し、酪農の導入を実践した。

　明治二十年、志賀村から上州との県境内山峠方面に約十七キロ、群馬県甘楽《かんら》郡下仁田町の物見山（標高一三七五ｍ）東斜面の官有地を借用して**神津牧場**を開いた。数々の試行の結果、乳量は少ないが脂肪分が高く、タンパク質やミネラル、ビタミンの含有量が多いジャージー種を、放牧で運動をさせ、牧草をたっぷり食べさせるという方針になっていった。

　明治二十二年からバターを製造しているが、牧草を食べているジャージー種のバターは、カロチン含有量が多く、黄色味が強くゴールデンバターとも呼ばれている。次の福澤書簡のように、神津バターを福澤が好んだことは有名な話である。

◉神津牧場全景

毎度バタを難有存候《ありがたくぞんじそうろう》。老生事近来ハ頗るバタを好み、毎日一度ハ是非共不用してハ不叶事《かなわぬこと》ニ相成候処《ありなりそうろうところ》、内外諸品之内、唯神津バタの一種のみ口ニ適し、他ハ一切役ニ立たず（明治二十八年四月十四日神津国助宛）

此度も二ダース斗御送付奉願候。実ハ之を外国人等へ贈り、日本品之美を誇らんとするの好事なり。従前幾多之外人も、一度ひ神津バタを嘗めて感心せざる者なし。実に愉快ニ不堪次第御座候。（明治二十六年五月十四日神津国助宛）

しかし、理想に走り過ぎた感があり、経営困難に陥り、大正十年に銀行家田中銀之助、昭和十年に明治製菓（現明治乳業）の経営となり、昭和二十年からは財団法人神津牧場により運営されている。

邦太郎は、牧場経営以外、佐久銀行や長野農工銀行の重役、志賀村長、北佐久郡議会議員などの要職につき、地元の発展に力を尽くした。

神津牧場は、現在も三八七haの規模で当初と同じ場所で営まれている。佐久平、軽井沢、下仁田各方面からアプローチ可能であるが、どこからも山道の運転を強いられる。今もジャージー種のみ約三二〇頭を育成方法も変わらずに飼養している。「神津ジャージーバター」も変わらずに販売している。搾乳や放牧場から出入りする牛の行列や牛の赤ちゃんを見学することができ、無雪期の土日、祭日には乳搾り体験、バター作り体験、ガイドツアーなどの催しがある。濃厚なソフトクリームが食べられる食堂・売店の横には、**「神津邦太郎翁像」**があり、道を挟んで**「我国酪農発祥の地」**の碑がある。

神津猛（明治十五年〜昭和二十一年）

猛は、赤壁家神津禎次郎の長男として明治十五年に生まれる。赤壁家は天保年間には、田畑五〇ha、一年の年貢米が数百石も運び込まれる豪農であった。道から門までは石畳が敷かれているが、年貢を運び込んだ荷車の轍の跡が今も残る。

十歳の時に祖父包重《かねしげ》の遺言で、赤壁家第十二代目の家督を相続すると、明治二十五年慶應義塾幼稚舎に入舎、同三十二年に慶應義塾を卒業した。大正六年志賀銀行を興し頭取となり、合併により信濃銀行に発展し常務取締役に就いた。

猛は、福澤諭吉に発掘中であった芝公園丸山古墳に連れて行かれたことから考古学に興味を持ち、佐久の考古学の発展に寄与し、交遊のあった島崎藤村の生活費を援助するなど文化活動の興隆を促した。

しかし、昭和四年の世界大恐慌により、多くの製糸工場が倒産、信濃銀行も破綻してしまった。猛は、三十二室もある赤壁家の屋敷のみを残して、田畑山林・書画などの資産は全て売り払ってしまった。

神津藤平（明治四年～昭和三十五年）

神津藤平は、赤壁家分家の清三郎の次男として、明治四年に生まれ、明治二十一年に慶應義塾に入学した。

卒業後、東京電灯に入社するが、二十三歳の時に両親の死と兄の病気のため、志賀に帰り、家業の薬用人参の栽培、北佐久産牛馬組合長、県会議員、神津合名会社設立、志賀銀行重役、長野電灯取締役などを務める。

大正三年佐久鉄道（現JR小海線）の相談役になり、大正九年河東鉄道（現長野電鉄の前身）取締役社長になって、屋代～木島間を開通、同十二年河東鉄道を長野電気鉄道に発展させ、同十五年長野電鉄として権堂（長野）～須坂間の運転を開始する。

昭和三年湯田中まで路線が延長すると、沿線開発に手を付け始める。まず、湯田中に近い上林《かんばやし》温泉（長野県下高井郡山ノ内町）に温泉プール、食堂、小運動場、浴場、児童遊戯場、小動物園、スキースロープを備えた上林遊園地を開業、この時、**上林ホテル仙壽閣**をオープンした。和風の温泉宿にいち早くバス・トイレ付の客室をつくり、アールヌーボー調のデザインを和風建築に取り入れたものであった。

上林ホテル仙壽閣は、今も長野電鉄の関連会社によって営業されている。建物は、平成元年に全面改築を行い、新築のように美しい状態であるが、和風の中に創業当初の建物に使用されたステンドグラスがはめ込まれたり、しゃれた窓枠が用いられたり、アールヌーボー調の照明器具がおかれたりして、趣のある和洋折衷スタイルである。温泉は湧出量毎分七二〇ℓ、湧出温度五十八℃の自家源泉を用い、

◉神津藤平翁胸像（上林ホテル仙壽閣）

源泉かけ流しである。食事も地の物をふんだんに用い、真に美味である。客室から眺められる西庭には逝去一年後の昭和三十六年十月に建立された**「神津藤平翁」の胸像**がひっそりと置かれている。

大正三年、福澤桃介と電源開発の水源探査のため、志賀高原琵琶池を訪れて自然の素晴らしさを実感し、大正十年には湯田中に湯治に来ていた小林一三との沿線開発の会話から、湯田中までの開通を機に、志賀高原の麓にある上林ホテルをベースにして志賀高原の観光地開発に着手した。この辺りでは霧氷のことをシガと呼び、そこから丸池一帯をシガノタカハラと呼んでいたことと、藤平の故郷志賀村から、藤平は志賀高原と命名した。

昭和十年には、まだバスの便もリフトもなかったが、丸池スキー場に神津コテージという小屋を建て、スキーヤーに便を図った。戦後、丸池スキー場は進駐軍に接収され、昭和二十二年日本初のリフトが架設された。昭和二十三年神津コテージは、猪谷千春《いがやちはる》のトレーニングの拠点として提供され、コルチナダンペッツオ五輪（一九五六年）の銀メダルに繋がった。平成元年故神津昭平（長野電鉄五代社長、藤平の子息）は、猪谷六合雄《くにお》・千春親子が約二十年間住んだこのコテージを、長野電鉄が経営している丸池観光ホテルの付属施設「猪谷記念館」として猪谷親子にちなむものを展示してオープンした。しかし、私が訪れてみると、建物は残存しているものの既に閉館されていた。昭和二十七年に開館した丸池観光ホテルも平成二十二年に閉館、跡形もなくなっている。長野電鉄が開発した丸池・奥志賀スキー場、奥志賀高原ホテルも既に他社に譲渡している。丸池にある志賀歴史館で尋ねると、猪谷記念館は数年前に閉館したという（＊平成二十九年七月、志賀歴史館**［現志賀高原歴史記念館］**に「猪谷千春コーナー」という展示が設けられた）。

志賀歴史館は、昭和十二年に日本初のスキー用本格的ホテルとして開業、進駐軍接収も経験した志賀高原ホテルであった。創業当時の建物を利用し続けた高級ホテルであったが、平成十一年に閉館し、今はロビー部分を残して、志賀歴史館としている。その歴史館の前に、神津藤平のレリーフが埋め込まれた石碑があった。この由来を館員に尋ねると、元は丸池観光ホテルにあったものを移設してきたということであった。

［加藤三明］

富士見高原
空気はよし風俗は朴素なり

新宿駅から特急あずさで中央本線に約二時間乗ると、富士見駅に至る。中央本線の駅の中では一番標高が高い駅で、駅から北側には、八ヶ岳の南麓の雄大な高原の景色が広がっている。また、南側には、入笠山から南アルプスが迫っている。

富士見高原は、富士見公園に、伊藤左千夫、島木赤彦、斎藤茂吉らの歌碑があることから示すように、「アララギ」ゆかりの地としても知られている。

また、結核療養所での哀しさを描き、何度も映画化された『風立ちぬ』(堀辰雄著)『月よりの使者』(久米正雄著)の舞台としても知られている。平成二十五年にも『風立ちぬ』に着想を得た宮崎駿監督の同名のアニメが話題になっていた。

一見、慶應義塾とはつながりの無さそうな地であるが、義塾とも縁の深い、白林荘と富士見高原療養所を訪ねてみたい。

白林荘

昭和七年五月九日、三田山上の大講堂において、義塾創立七五年の記念式典が行われた。塾員の犬養毅は、総理大臣として祝辞を述べた。

同日夜には帝国ホテルで行われた連合三田会にも出席した。そして、それから一週間も経たぬ五月十五日、いわゆる「五・一五事件」で凶弾に斃れるのである。

この犬養が晩年に愛した地が、富士見高原であり、その別荘が大切に今も保存されている。

富士見駅から南側、入笠山のふもとに、犬養毅(木堂)の別荘であった「**白林荘**」がある。木堂が、富士見村出身の政治家、小川平吉に勧められてはじめてこの地を訪れたのは大正十一年のことであった。以来、避暑等に訪れて、すっかりこの地を気に入り、土地の人の協力を得て、自らの別荘を建てた。完成したのは大正十三年のことである。そして、十四年に七十歳で政界からの引退を表明すると、初夏から秋にかけて白林荘で過ごすようになる。多い年には、百日以上の日を過ごすこともあった。

木堂は、富士見の気候が湿気が無く、サラサラとした肌ざわりの爽やかな風の中で日を浴びるのが健康に良いと気に入った。また、早くに開けた観光地と違い、都会的な文化的な臭いが鼻をつくことも無く、皆モンペ姿で黙々と働いているその醇朴な風も気に入ったという。この頃の書簡にも「空気はよし風景はよし水はよし風俗は朴素なり」と一度ならず記している。また、子供が結核になった知人に対して、日光浴の効能を記し、富士見を勧めた書簡もある。後述の療養所が建設されるよりも前のことである。

白林荘は、木堂歿後、建て増しはされているものの、仏間、書生部屋、女中部屋、書庫等も往時のままに保存されている。

木堂が、三十年後には白林荘の名にふさわしい林にすると楽しみにして植えた白樺の苗木は、現在では見事に育っ

◉老栗亭での木堂

◉現在の白林荘

て心地よい木陰を作っている。縁側に座ると、成長した木々に隠されて、往時のようには八ヶ岳から富士山を見渡すことは出来ないが、木堂の悠々自適の日々とその心境を偲ぶことができる。

木堂が多年探し求めていたところ、それを知った人から贈られて大喜びしたハナノキも大きく枝を張り、春には赤い花を咲かせている。また、中国を訪れた際に孫文から贈られたとされる白松もある。庭は、きれいに手入れされているが、木々の自然な成長も大切にされている。素朴さを大切にした木堂の嗜好が今も受け継がれているのであろう。

ちなみに、私が訪ねた日には、庭師がコンクリートで四角に囲まれた所に、落ち葉をまとめて燃やしていた。これは、孫の道子のために造った砂場の跡であるという。「スナアソビノバショ　ト　スベリダイ　トスグコシラエル　カラ　ライゲツキテオクレ」とか「ミチコサンワナゼキマセンカト、ブランコガマッテオリマス」と孫の来訪を待ちわびる祖父でもあった。

また、広大な庭の端には、老栗亭《ろうりつてい》と名付けられた小さな離れ家がある。屋根は藁ぶきから瓦に変わり、周りの栗の木も減ってはしまったが、それ以外は当時のままである。

木堂は、富士見の青年達や村人たちと、この老栗亭の囲炉裏を囲んだり、縁側に座って、よもやま話をしたり、農業の改良について話をするのを好んだ。実際に、村人が日々の生活で着用していた、袴の裾を脚絆のようにまとめたタッツケを愛用していたので、富士見での写真はタッツケ姿が多い。また、痩せた土地と、寒さに強いトウモロコシ、馬鈴薯、豆、イネ等の新品種を取り寄せては、試作させたという。

木堂は、富士見での心境を、王臨川の詩に重ねてこれを好んだ。

終日山を看て、山に厭きず。
山を買って、老を山間に待つ。
山花落ち尽して、山長《とこし》えに在り。
山水空しく流れて、山自ら閑なり。

というもので、木堂自筆の書からとったこの詩を彫った石碑が、今日、玄関脇の木々の間に建っている。

しかし、この日々は長く続かない。木堂は昭和四年、急死した田中義一政友会総裁の後任に引っ張り出され、六年には首相に指名される。そして翌七年には五・一五事件で斃れるのである。直後の五月十九日には、富士見では、木堂に名前を付けてもらった子と親達での追悼式が開かれ、その後も長く、毎年五月十五日には村人による追悼の会が開かれていたという。

なお、白林荘は一般には公開されていないが、木堂の子、犬養健の同僚の政治家・実業家に譲られ、今日もその子孫によって大切に維持されているのは嬉しいことである。

富士見高原病院

富士見駅から北側に車で五分程の所に**富士見高原病院**がある。現在では長野県厚生農業協同組合連合会が運営する病院になっているが、この前身が富士見高原療養所である。

富士見に総合病院をという構想が出来る中で、地元の有力者が頼ったのは、この地の出身で、当時義塾の医学部神経科教授であった植松七九郎である。植松は、内科学の助教授であった正木俊二に相談をした。正木は、パリのパスツール研究所に留学していた折、スイスで高原のサナトリウムを見たことがあった。実際に調べて見ると、富士見は日照は長く湿度は低い。結局、結核治療にも関心の強かった正木が、医学部の助教授のまま、院長を引き受けることになった。

その時、取り交わした条件は、「医務一切を貴学部に一任すること」、「所長その他の職員の任免の一任」そして「如何なる損失を生ずるとも貴学部に御迷惑を相懸けまじき事」であった。したがって、大正十五年、株式会社富士見高原療養所の開業時の広告の医師一覧を見ると、卒業後数年の医学部の一回生から四回生の名前が並んでいる。

しかし、総合病院の形をとったことでの負担も大きく、病院の収支は厳しく好転しなかった。正木は正木不如丘《ふじょきゅう》の名で作家としての活動もしていたのだが、その原稿料も病院の赤字の穴埋めに充てなければならなかったという。結局は、昭和三年に会社を解散して清算することとなった。正木は、結核の療養所に特化した病院を個人で運営するこ

◉平成24年に解体された富士見高原療養所旧病棟

とを決意し、富士見高原日光療養所として再出発したのであった。

当時は結核に有効な薬の無い時代である。八ヶ岳を望み、病室を開け放って日光を浴び、大気を取り入れる大気日光療法は評判となった。また、作家正木不如丘を慕って、横溝正史、竹久夢二、久米正雄、堀辰雄をはじめ作家、画家が入院したり、来訪滞在した。正木の医師としての奮闘と作家としての交友があってこそ生まれたのが、ここを舞台にした小説であり映画なのである。

現在は、地域の中核的な病院として姿を変え、建物も近代的な病院になっている。平成二十四年夏までは、当時の病棟の一つが保存され、資料館として公開されていたのだが、残念ながら、平成二十三年の大震災後、耐震性が問題視されるようなり、解体された。このように建物も経営主体も変遷したが、変わらないものに病院のマークがある(上記)。実は、ブルー・レッド・アンドブルーの三色の線の中に、赤で太陽を示す印が描かれている。このマークは、正木に頼まれて、医学部の三回生の宮田重雄が考案した。宮田は、医師の傍ら画家としても活躍、また戦後はＮＨＫの「二十の扉」の解答者としても知られた人である。

正木は、探偵小説まで手掛ける作家であり、また俳人でもあった。医学部でも、文芸部に関わり、同人誌『脈』の刊行等にも熱心に携わった。宮田も学生時代はそのメンバーであった。初期の医学部からはこの宮田の他、探偵小説作家としても生理学者としても著名な林髞《はやしたかし》(筆名、木々高太郎)など幅広い人が出ているが、そのような学生達の雰囲気には正木の存在も大きかったであろう。

白林荘は普段、公開されていない。往時の富士見高原療養所を偲ぶ病棟もなくなった。しかし、犬養毅の人柄を知る上で、また草創期の医学部の医学に留まらない雰囲気を知る上で貴重である。代りに、これらの史跡については、富士見駅近くの**富士見町立「高原のミュージアム」**と、富士見高原病院の一室に新たに設けられた**「旧富士見高原療養所資料館」**の展示で知ることができる。

［山内慶太］

電力王　福澤桃介

福澤姓となる

桃介は、農家岩崎紀一の次男として、慶應四(明治元)年五月六日現在の埼玉県比企郡吉見町荒子に生まれた(現在、東吉見郵便局前に「生誕の地」の立て札がある)。慶應義塾に在学中、留学させてもらうことを条件に福澤諭吉の次女房《ふさ》の婿養子となり、福澤姓となった。彼は、日本各地の豊富な水力を利用した電源開発を行い、その電力を利用した多くの殖産事業に関わり、「日本の電力王」「財界の鬼才」と称される人物である。

桃介が名古屋を拠点とした中部地方の事業に関わるようになったのは、明治四十二年、慶應出身の矢田績《やだせき》(三井銀行名古屋支店長)の勧めで、名古屋電燈の株を買い占めて筆頭株主になったことからである。最終的に桃介が関わった中部地方の企業はなんと二十二に上る。

名古屋電燈本社のあった所には、現在中部電力による**「でんきの科学館」**(名古屋地下鉄伏見駅下車すぐ)があり、多くの子どもたちが楽しみに来ている。その四階の片隅に**「でんき資料室」**があり、昭和七年に来日したイタリア人彫刻家ペシーの手による大理石の桃介胸像や桃介の書「水然而火」(水燃えて火となす)など、桃介関係の資料がいくつか陳列されているが、気に留める人は全くいない。

大正三年、名古屋電燈社長に就任すると、水量豊富で急流である木曽川の電源開発に情熱を燃やし始める。電力開発は当時の緊急課題であったが、火力発電は、常に燃料費が掛かり、石炭もいつ枯渇するかもしれない。一方、水力発電は、最初の投資は大きいが、完成後の経費は少なくて済む。

大正六年の賤母《しずも》発電所起工を皮切りに、七年大桑発電所、十年須原発電所、大井発電所、読書《よみかき》発電所、十一年桃山発

電所、十三年落合発電所を起工し、木曽川に七つの発電所を完成させた。以上のような経緯があって、桃介は本拠地を名古屋に移し、貞奴《さだやっこ》と同居するようになった。

その昔、十四歳の貞奴と十七歳の桃介は偶然出会い、お互い淡い恋心を持つようになっていたが、貞奴は芸者として伊藤博文を始め明治の元勲の贔屓《ひいき》となり、明治二十四年に川上音二郎と結婚し、女優として一世を風靡した。音二郎が明治四十四年逝去してから、桃介の後援を受けるようになっていたが、女優を引退して桃介との同居に至った。

◉二葉館

大正九年ごろには、名古屋市東区東二葉町（現白壁三丁目九－十一－十三）、台地の北端にあって遠く御嶽山を望む二千坪という広大な敷地に**「二葉《ふたば》御殿」**と呼ばれるほどの豪邸を建てた。表札には「川上貞」と記され、名義も貞奴のものであったが、資金は桃介が調達した。木曽川電源開発を進める上で大切な政治家や財界人を招き、その接待に貞奴が当たるという場にふさわしく、大広間は円形のソファーがあり、ステンドグラスで装飾され、螺旋階段で二階へ上がるという優雅な雰囲気を醸し出している。昭和十三年に売却

◉福澤桃介記念館

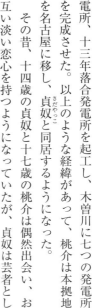

されてから、敷地は分割され、建物も一部取り壊されたが、平成十二年建物が名古屋市に寄贈され、平成十七年二月、東区橦木町《しゅもくちょう》三丁目に移築・復元が完成し、**「文化のみち二葉館」**として公開されている。

木曽川の電源開発

木曽川電源開発の現地監督用別荘としては、大正八年、南木曽《なぎそ》駅から木曽川を渡った地に大洞山荘（大同電力一号社宅）を建設した。洒落た総二階建ての洋館の山荘に、桃介は貞奴を連れて滞在し、発電所建設の陣頭指揮に当たった。昭和三十五年に火災で二階を焼失したが、貞奴、音二郎、桃介を描いたNHK大河ドラマ「春の波涛」の放映に合わせて、昭和六十年に**「福澤桃介記念館」**として公開され、平成九年に当初の二階建ての姿に復元された。

この山荘から程近いところに、**読書発電所**の建設資材運搬用として木曽川に架けられた全長二四七mのつり橋がある。「桃之橋」と命名されたが、**「桃介橋」**という呼称で定着してしまった（口絵参照）。昭和五十三年には老朽化のため、通行不能となってしまったが、平成五年復元工事が完成し、通行可能になった。そして、桃介橋、読書発電所、そして読書発電所への導水路の**柿其《かきぞれ》水路橋**が国の重要文化財（近代化遺産）に指定されている。

◉大井ダム

読書発電所の建物は、半円の窓や屋上に突き出た明かり窓、飾り壁などアールデコ調のデザインになっているが、桃介が手懸けた七つの発電所は、現代の発電所に見られる無機質なデザインでなく、どの発電所にも特徴的な意匠が加えられ、個性あるものになっている。

大正十三年十二月には、桃介が手懸けた七つの発電所の中では最大の**大井発電所**が完成している。工事中に関東大震災があり、資金難になった折に、桃介自ら渡米し、民間初の外債を導入したり、度重なる洪水災害に遭ったり、幾度もの危機を切り抜けた上での完成であった。他の発電所は、上流の取入口から水を導水路で、発電所上の水槽まで引き、水槽からの落下で発電するものであるが、大井発電所はダムで水を堰き止めて、落下させて発電するもので、日本初の本格的な高堰堤をもつダム水路式発電所である。恵那駅から四キロ程の所にあるダム見学者駐車場から遊歩道を下っていくと、堰堤上脇にでるが、ここに福澤諭吉のレリーフをはめ込んだ大きな**「独立自尊」の碑**がある。この碑は発電所完成時に製作したようであるが、養父の福澤に対して尊敬、反感、対抗と入り混じった感情を持っていた桃介が、この大事業の成功をもって福澤に対する反感の壁を乗り越えた証拠がこの碑ではなかろうか。

◉独立自尊の碑

　大井ダムの建設により人造湖が生まれ、恵那峡として観光名所になっている。恵那峡観光ジェット船発着場の所にあるさざなみ公園に**「電力王福沢桃介翁像」**(昭和五十九年五月建立)という桃介の立像とそこから数メートル離れた所に**「川上貞奴女史碑」**(昭和六十年四月建立)という貞奴の顔のレリーフを埋め込んだ石碑がある。恵那観光協会は、恵那峡六十年祭記念事業として、というよりやはり「春の波涛」放映を意識して、桃介と貞奴が並んだ立像を計画した。桃介の子孫の承諾は得たものの、貞奴の子孫は福澤家に配慮して承諾しなかったが、レリーフならということでこの形

◉福澤桃介先生寿像（桃介公園）

になったという。

曽水一條電　浪華萬燭春

桃介の壮大な構想で、木曽川水系において作られた電力は木曽山脈から濃尾平野、鈴鹿山脈を越える全長二三八キロの送電線で、大阪門真市の**古川橋変電所（現古川橋電力センター）**に送られた。この変電所は、大正十一年に建設され、その建物の正面に「曽水一條電　浪華萬燭春」（木曽川の水で電気が起き、浪花《なにわ》は多くの灯りで春のようだ）という桃介の漢詩が掲げられていた。平成十九年六月、建物は取り壊され、今は漢詩の額がはめ込まれた碑が電力センター内に残されている。現在、木曽川水系の発電は、全て関西電力が管理している。

桃介以降も木曽川水系の電源開発は続けられ、昭和六十一年「伊奈川第二発電所」の運転開始により、三十二発電所が稼働、合計出力百万kwを超した。これを記念して須原発電所に隣接して**「木曽川電力資料館」**が作られ、金属供出を免れた賤母発電所紀功碑の桃介による篆額「恩河深而無底」（河の恩は深くて底の無し）や大井ダム建設の際の外債、桃介のパスポート写真などが展示されている。但し、この資料館は無人のため、見学は事前に関西電力東海支社（TEL〇五二―九三二―七四一二）に連絡が必要である。

桃介は、昭和三年に還暦を迎え、実業界引退を表明する。その記念として昭和五年に**「福澤桃介先生寿像」**を完成させる。大正十三年、外債交渉の渡米の折、ユニオン大学からドクター・オブ・サイエンスの学位を贈られているが、この像はその学位の角帽・着衣姿になっている。「木曽川電力資料館」の裏手の「桃介公園」には、この寿像と「水然而火」と書かれた**「百万kw達成記念碑」**がある。この寿像は、中部電力の上村（矢作川）、南向《みなみかた》（天竜川）、北陸電力の吉野谷（手取川）の各発電所にも置かれている。また、この寿像の小型のレプリカが「福澤桃介記念館」に展示されており、木箱に貞奴の希望により制作、知人に頒布したという旨が桃介の手で箱書きされている。

桃介は、昭和十三年二月十五日、**渋谷の本邸**（旧渋谷区上智町四十八、**現恵比寿プライムスクエア**）において六十九歳で永眠し、墓所は**多磨霊園**にある。昭和十五年十一月、大同電力、東邦電力、名古屋鉄道、矢作水力、大同製鋼と桃介が指揮をとった五社が協賛して、**日泰寺**（名古屋市千種区覚王山）に**「福澤桃介君追憶碑」**が建てられ、今に至っている。因みに、貞奴は昭和二十一年に七十五歳で、房は昭和二十九年に八十四歳で逝去している。

［加藤三明］

近代窯業の父　大倉和親

大倉和親《おおくらかずちか》は、明治八年十二月十一日大倉孫兵衛の長男として、東京日本橋で生まれる。

父・孫兵衛は家業の絵草子屋を手伝って、横浜の外国人に絵草子を売りに行った時、森村市左衛門の知己を得る。市左衛門の異母妹ふじと結婚し、市左衛門が福澤諭吉の勧めによって明治九年に設立した貿易商社「森村組」に参加した人物である。

和親は、明治十八年五月に九歳で慶應義塾幼稚舎に入舎、同二十七年慶應義塾本科を卒業し、森村組に入社。翌年、渡米してイーストマンビジネスカレッジで経営を学ぶと、森村組ニューヨーク支店「森村ブラザース」に勤務した。

同三十七年一月一日、森村組傘下の陶磁器製造会社「日本陶器合名会社」(現・ノリタケカンパニーリミテド)が愛知県愛知郡鷹場村大字則武《のりたけ》(現・名古屋市西区則武新町三－一－三六)に設立されると、和親は二十九歳で初代社長に就任し、敷地内に自宅を設け、陣頭指揮に当たった。工場には、日本初の洋式磁器焼成窯が備えられ、純白生地の磁器食器製造の研究が進められ、そして、製品の多くはアメリカに輸出された。九十三ピースのディナーセット作成を目標とした。セット内で最も大きい直径二十四センチの皿(八寸皿)の作成に苦労したが、ついに大正三年に完成、ディナーセットの輸出と共にノリタケの名声が広がった。

さらに和親は「輸入に頼っている製品は自国で生産すべき」という信念のもと、磁器技術を利用して、大正六年衛生陶器の東洋陶器株式会社(現・TOTO株式会社)、同八年電力用碍子の日本碍子株式会社(現・日本ガイシ株式会社)、昭和十一年スーパープラグ製造の日本特殊陶業株式会社を設立し、各社の初代社長となった。また、大正十年、和親の援助で陶管やタイルを製作する伊奈製陶所(後INAX、現LIXIL)が設立され、会長職に就いた。

ノリタケの森

名古屋駅から徒歩十五分、現在も変わらずにノリタケの本社がある。昭和五十年にここの工場は幕を閉じたが、平成十三年本社敷地内に**「ノリタケの森」**というミュージアムパークがオープンしていた。まず、目につくのが近代化産業遺産に認定された明治三十七年建築の赤煉瓦造りの旧製土工場、そして、かつては四十五メートルあった陶磁器焼成用トンネル窯の煙突の根元が六本並んだモニュメントである。

◉ノリタケの森

ウェルカムセンターでは、ノリタケの歴史や森村市左衛門、大倉孫兵衛、和親の功績を解説したヒストリーテーブルと、現在の幅広いノリタケの事業、技術、製品を展示したテクノロジーコーナーがある。クラフトセンター一、二階では磁器の製造過程が解るように作業と絵付けが実演され、また絵付け体験もできる。三、四階には、骨董価値の高い「オールドノリタケ」をはじめ、ノリタケの歴史を物語る名品の数々が展示されている。充実した売店やレストランもあり、一日中楽しめる施設になっている。

TOTOミュージアム

和親は、衛生陶器の工場を小倉に建設した。原料の入手先である天草、対馬、朝鮮半島が近い、燃料となる石炭を産出する筑豊炭田が近い、商品を輸出する際の積出港である門司港が近いという理由で小倉の地を選び、これを東洋陶器として独立させた。

二〇一七年に創立百周年を迎えるTOTOの記念行事の一環として、本社・小倉第一工場の敷地(北九州市小倉北中島二-一-一)内に、二〇一五年八月、**TOTOミュージアム**が開館した(口絵参照)。

「大地を潤す水」をイメージしたという白い奇抜な建物の一階はショールームに、二階がミュージアムになっている。展示や映像で和親の理念が伝えられているが、洗面器、水栓金具とりわけ便器の変遷が興味深い。一九七〇年ごろは、一回の便器の水の使用量が二〇リットルだったのに、最新型は僅か三・八リットルということに驚かされた。

大倉公園

名古屋から東京方面へ東海道本線に乗って約二十分の所に大府《おおぶ》駅がある。

明治四十四年、孫兵衛は陶管工場建設のために、大府町ガンジ山の御料林払い下げの土地を購入した。しかし、工場が建設されることはなく、跡を継いだ和親は、七万平方メートルの土地を**大倉農園**とし、三万本とも言われる桃の木を植えた。この場所は桃山と称され、桃の花見の名所として、多くの見物客で賑わった。

そして、大正十年頃、農園の一角に表門、主屋、離れ、茶室を建て、和親の名古屋滞在時の別荘とした。

桃の生産も一時伸びたものの、連作できない桃は次第に衰退していった。昭和九年、和親は農園を区画整理して、「大府桃山園芸住宅地」として分譲を行った。頂上の現・桃山公園に井戸を掘り、簡易水道も整備した。分譲地は、現在の桃山二、四丁目に当たり、今も当時の区画が維持され、桜並木がある閑静な住宅街になっている。

別荘地は昭和二十年二月に売却し、同五十年この土地が売りに出たのを機に大府市が買収し、二千八百株のつつじをはじめ、四季おりおりの花が咲く**大倉公園**（大府市桃山五丁目七四）として開放した。

大府駅前の道を北東に五分歩き、大倉公園東端の大倉会館（中央図書館、歴史民俗資料館）と児童老人福祉センターとの間から西に向かって続くスロープを上ると、**茅葺門**を目にすることができる。これは当初、県道横根大府線沿いにあった別荘表門で、昭和五十四年に現在の地に移築されたものである。門をくぐって進むと左手に、四十三坪ある木造平屋建ての休憩棟がある。これは客人をもてなす別荘離れであった建物で、現在はお茶会などに貸し出されている。

大倉陶園

「遺訓」

美術陶器工場

是は利益を期して工場を起す事出來ず。寧《むし》ろ道樂仕事につ

◉大倉公園茅葺門

き一人の獨業として他に迷惑を掛けぬ趣向でなければ思ふような道樂は出來ぬ。依て他に關係なく獨立にて作るを良とするものなり。全く商賣以外の道樂仕事として、良きが上にも良き物を作りて、英國の骨粉燒、佛國の「セーブル」伊國の「ジノリー」以上の物を作り出し度《た》し。利益を思ふてはとても此事は出來ぬ故、全く大倉の道樂として此上なき美術品を作り度し。

既に蒲田に一萬三千坪許りの地を買入れたるにつき、此地に工場と共に別荘の如き見本場を作り、花壇も作り、工場からして美術の工合《ぐあい》に作り度き事、此事は萬事和親に任せ、日野氏茲《ここ》に來つて圖案《ずあん》設計を始める。

大正七年七月一八日

大倉孫兵衛手記　時年七十六

遺訓にあるように利益を度外視した高級磁器の実現のため、大正八年孫兵衛が出資し、和親が経営し、デザイン・製造は日野厚が担当するという**大倉陶園**が蒲田に設立された。色の白さ、磁器質の硬さ、肌のなめらかさを追求した結果、万博で高評価を得、海外でも認知され、皇室からも受注を得るようになった。昭和三十五年、「お花の工場」と呼ばれた蒲田の地が手狭となった上に、大田区から学校用地としての希望があり、戸塚に移転した。蒲田の跡地は、志茂田小学校、中学校になっている。

東戸塚駅と戸塚駅間の東海道本線沿いにある本社・工場（横浜市戸塚区秋葉町二〇）には、**ファクトリーショップ**がある。小規模ながら、足を踏み入れると眩いばかりの艶のある白磁のせいか、目の前が大きく広がった感がする。しかも、ここで申し出ると、ディスプレールームの見学が可能である。

ディスプレールームには、赤坂離宮、京都離宮で使用されているディナーセットや、皇太子殿下、秋篠宮殿下、黒

◉大倉陶園

田清子様、それぞれの御成婚に際し、皇后陛下が注文なさった食器、皇太子殿下の御祖母・正田富美子さんが、毎年、孫の誕生日に送った十五客のデミタスカップ、松下幸之助が注文した十二カ月の飾り皿など他では目にすることができない逸品が展示されている。

湯河原　万葉公園

和親は、前述の大府の別荘の他、河口湖、興津、湯河原に別荘を所有していた。

日露戦争後、湯河原温泉が戦傷病者の保養地に指定され、湯河原の大倉別荘が自由に散策できる場所として開放され、以来**「養生園」**と呼ばれた。

時期は不明であるが、和親はこの別荘を温泉場区有地に譲り、以後「大倉公園」と呼ばれた。昭和二十六年には隣接地の権現山公園と併せて、町立の**「湯河原温泉　万葉公園」**となった。

万葉公園（足柄下郡湯河原町宮上五六六）は、藤木川と千歳川の合流地点に広がり、落合橋の前に正面入り口がある。万葉集に湯河原温泉のことを詠んだ句があることから、万葉集に詠まれた植物が植えられ、奥には独歩の湯という巨大な足湯がある。

公園内の熊野神社前に**「養生園の碑」**がある。日露戦争の英雄、東郷平八郎が大正元年に病に罹った時、孫兵衛の養生園にて精気を養ったことを漢文で記した碑である。

慶應義塾幼稚舎の門札

現在の幼稚舎正門のオリジナルは、昭和二十二年十月、幼稚舎本館を設計した谷口吉郎氏の設計でできたものである。その大谷石の門にはめ込む門札を大倉陶園に特注し、和親の令息で大倉陶園を継いだ大倉譲次（昭和六年幼稚舎卒業）の寄付により昭和二十四年十月「慶」「應」「義」「塾」「幼」「稚」「舎」と一文字一枚の青磁の陶板の門札が完成した。

昭和五十四年、大谷石の風化が激しく、門の改修を行ったとき、やはり破損が酷い門札を新しくすることになり、大倉陶園に依頼すると、以前の陶板の型があるということで、門札を焼き直した。

平成十五年、和親の曾孫に当たる渡辺正弘氏（昭和五十八年幼稚舎卒業）が、門札がひび割れていることに気付き、大倉陶園に依頼すると、依然として型が保管されていて、三代目の門札が焼かれてはめ込まれた。

◉幼稚舎正門　門札

和親から二代目東洋陶器社長の百木三郎に送られた書簡の中に次の言葉がある。

「どうしても親切が第一。奉仕観念をもって仕事をお進めくだされたし。良品の供給、需要家の満足がつかむべき実体です。この実体を握り得れば利益・報酬として影が映ります。利益という影を追う人が世の中には多いもので一生実体を捕えずして終わります。」

という心で、近代窯業の父と称されるまでになった和親であるが、昭和三十年七月一日、七十九歳で天寿を全うした。墓所は、**正応寺**（新宿区愛住町十－一）にある。ごく普通の墓石で、正面に梅鉢の紋と「先祖代々墓」と、裏に「大倉氏一統之墓」と記されている。

［加藤三明］

阿部泰蔵と門野幾之進

　福澤諭吉は、三回目の洋行を終えた慶応三（一八六七）年『西洋旅案内』という小冊子を出版した。その書に「災難請合の事　インシュアランス」という項を設け、生涯請合、火災請合、海上請合、すなわち生命保険、火災保険、海上損害保険の概念を我が国で初めて紹介した。さらに明治十三年に発刊された『民間経済録　第二編』の「第二章　保険の事」において、より詳細に生命保険について解説し、その有益性を説いている。そして、福澤は一個人として外国会社と保険契約を結んだ我が国最初の人でもあった。

　福澤の勧めによって生命保険の考え方を取り入れて最初に施策を行ったのが、福澤の教え子・早矢仕有的《はやしゆうてき》が開いた輸入商社丸屋商会（丸善の前身）である。明治七（一八七四）年に社内制度のひとつとして「死亡請負規則」を制定した。これは、従業員が在職中に一定の金額を積み立て、万一死亡した場合は、相応の金額を残された家族に給付するというまさに生命保険そのものであった。

　そして、その考え方は同じ福澤の門下・阿部泰蔵に引き継がれていく。

阿部泰蔵と明治生命

　阿部泰蔵は、嘉永二（一八四九）年織田・徳川対武田の戦いで有名な長篠から国道二五七号を南東に進んだ所、奥三河の八名郡下吉田村（現愛知県新城市下吉田北新戸《きたあらと》）の医業を営む豊田鉉剛《げんこう》の四男として生まれ、十二歳のとき吉田（豊橋）藩医阿部三圭の養嗣子となる。

　現在も十八世紀中頃に建てられたという生家が残っているが、現住の方の意向により、詳細をお伝えすることができない。

　元治元（一八六四）年江戸に上り、蘭学そして英学を学び、慶応四(一八六八)年一月慶應義塾に入塾し、翌年には合衆国歴史会読、窮理書素読の講座を担当するまでになった。明治三年、大学南校で教鞭をとり、さらに文部省に出仕し、再び慶應義塾に戻って教授となっている。

明治十二年に荘田平五郎、小泉信吉と保険会社創設の協議を始め、同十四年七月九日明治生命保険会社が設立された。『阿部泰蔵傳』に記されているところの「わが国最初の科学的生命保険会社」である。十一名の発起人の内、小幡篤次郎、阿部泰蔵、荘田平五郎、西脇悌二郎、奥平昌邁、朝吹英二、肥田昭作、早矢仕有的、中村道太と九名が慶應出身者であり、阿部が頭取に選任された。

明治生命が開業したのは、京橋区木挽町二丁目十四番地(現中央区銀座三-十四-三、歌舞伎座の裏)の煉瓦家屋の二階三室で、この場所は福澤が設立に関わった**明治会堂別館**が建ち、明治十三年十月からは専修大学の前身、専修学校が開業している。今はここに**「専修大学発祥の地記念碑」**がビルの隙間にある。

人の死を商売の具とする抵抗感や血縁・地縁の相互扶助で行われていたことを近代的な会社組織で行うことの難しさがあったと想像されるが、福澤が説いた西洋近代思想の自助の精神を学んだ門下生グループ、荘田平五郎を通じての三菱グループ、早矢仕有的を通じての丸善商会および貿易商社グループ、交詢社グループの支持によって生命保険事業は軌道に乗った。

阿部は、東京倉庫(現三菱倉庫)取締役、丸善商社取締役、日本郵船監査役、東京海上保険会社取締役、明治火災保険会社取締役会長、さらに社団法人生命保険会社協会理事会初代会長などの要職に就いた。

大正十三年、七十五歳で逝去。葬儀は阿部家の菩提寺であった白金の松秀寺で行われ、当寺の墓地に埋葬されたが、昭和十一年長男圭一の逝去を契機に**多磨霊園**に移された。

◉明治生命館 二階会議室

多磨霊園正門近く、慶應義塾大学医学部納骨堂に向かい合って「阿部家之墓」(1区1種2側11番)と刻まれた墓石を目にすることができる。

泰蔵逝去後のことになるが、昭和九年三月、前歌舞伎座(第三期)、日本銀行小樽支店(現金融資料館)を手がけた東京美術学校(現東京藝術大学)教授岡田信一の設計によって明治生命本社(千代田区丸の内二-一-一)が完成した。昭和二十年から同三十一年の間は、アメリカ空軍極東司令部として接収されていた。

日比谷交差点から日比谷通りを第一生命館、帝国劇場、東京會館と辿って行くと、馬場先門交差点角にコリント式の列柱を配した古典主義様式の建物を見ることができるが、これが平成九年に昭和期の建物として初めて重要文化財に指定された**「明治生命館」(明治生命本社本館)**である。四年にわたるリニューアル工事が平成十七年に完成し、一階店頭営業室、米英中ソによる対日理事会が開かれた二階会議室、応接室、資料展示室などが、土・日曜日に一般公開されている。

平成十六年明治生命保険と安田生命保険が合併し、現在も明治安田生命の本社として使用され、一階には「丸の内お客さまご相談センター」が設けられている。

中村道太

豊橋において阿部泰蔵の知己を得て以来、親戚同様の付き合いをしていた中村道太は、明治生命の設立の発起人の一人となり、創業時は筆頭株主であった。中村は、慶応二年鉄砲洲の福澤諭吉を訪ねてから福澤との交流が始まり、福澤著『帳合之法』(簿記の解説書)をよく理解してこれを応用実践し、福澤の推薦により丸屋商会の社長格になり、以後豊橋に第八国立銀行を設立し、横浜正金銀行初代頭取、東京米商会所頭取をつとめた人物である。吉田城址の豊橋公園には昭和三十七年に建立された**「中村道太翁顕彰碑」**(題字小泉信三)がある。豊城中学校脇の本丸入口の左手にボリュームのある重厚な碑が直ぐに目に入る。

門野幾之進

明治二十一年帝国生命、同二十二年日本生命、同三十五年に第一生命が設立され、同三十七年には門野幾之進《いくのしん》によって千代田生命が設立された。

門野は、安政三(一八五六)年三月十四日鳥羽藩士門野豊右衛門の長男として、志摩国鳥羽に生まれる。

明治二年四月、鳥羽藩貢進生として慶應義塾に入学、同四年には早くも十五歳にして英語教師として塾生を指導することになり、ボーイ教師とあだ名された。塾の教頭を務めるまでになっていたが、明治三十五年に教職を辞して保険業に身を転じ、同三十七年に千代田生命保険相互会社を創設して社長に就任した。千代田生命は、営利を目的とせず、保険契約者が相互に助け合う「相互会社」という形を取った。これを皮切りに同四十一年に第一機関汽罐保険、同四十四年に日本徴兵保険、大正二年に千代田火災保険、同九年に千歳火災海上保険を設立し社長を兼務した。

◉門野幾之進記念館 内部

JR・近鉄鳥羽駅から徒歩四分、三重県鳥羽市鳥羽一ー十ー十八（旧岩崎町）の門野家跡に**鳥羽市歴史文化センター**がある。昭和五十九年、この建物が千代田生命鳥羽営業所として建てられたとき、その二階に門野家創設の教育振興団体「靄渓《あいけい》会」と千代田生命によって**門野幾之進記念館**が設けられた。ここに門野家から鳥羽市に寄贈された三二〇〇点余の資料を収蔵している。

平成二十三年に慶應義塾福澤研究センターの協力の下、記念館がリニューアルされ、小規模ながらも彼の一生が解

◉門野幾之進誕生地の碑

りやすく解説されている。展示は、「生い立ち」「慶応義塾のボーイ教師」「福沢諭吉のもとで」「千代田生命の創立」「晩年」「郷里への思い」と六つのコーナーに分けられ、幾之進の遺品、彼の筆による「源泉滾々《こんこん》」の額、福澤から贈られた『時事小言』、「慶應義塾」「幼稚舎」と書かれた慶應義塾で使用された英和辞書、そして多くの写真などが展示されている。

建物の左には昭和十三年七月に除幕した**「門野幾之進誕生地の碑」**がある。この碑の後ろには、門野幾之進・重九《ちょうきゅう》郎《ろう》両先生を讃える小泉信三の文章を記した碑がある。ちなみに門野重九郎は、幾之進の弟で、和田塾（後の慶應義塾幼稚舎）に入学、慶應義塾本科を卒業後、帝国大学に進学、大倉組副頭取、東京商工会議所会頭を務めた人物である。

幾之進は、慶應義塾評議員を長年務め、臨時塾長を務めたこともある他、時事新報社会長、交詢社会長も務め、終生慶應義塾との縁が深かった。

昭和十三年十一月十八日に逝去し、墓所は**青山霊園**と故郷鳥羽の**光岳寺の門野家墓所**にある。門野幾之進記念館前の岩崎通りをさらに進み、錦町通りを左折すると、右手横丁奥に鳥羽藩主稲垣家の菩提寺、光岳寺（鳥羽三―一三―六五）がある。記念館から徒歩七分である。斜面に開かれた墓地の高台にある門野家の墓所の正面奥、バックに鳥羽城址の石垣が広がる所に「門野幾之進」の墓石がある。

青山霊園の墓所は、霊園内、青山通りからの道と乃木坂トンネルからの道の交差点近く「１種イ９号１８側」にある。十二坪半の敷地の正面に「門野幾之進墓」と彫られた墓石があり、左側には昭和二十九年に千代田生命創業五十周年にあたり門野幾之進を讃えた「頌徳碑」もある。

東急・東京メトロ中目黒駅から徒歩五分、アルミ鋳物のたて格子によって無数の窓があるように見える大きな建物は、**目黒区総合庁舎**である。この建物は、ビックカメラ有楽町本店、ウェスティン都ホテル京都、日生劇場、シェラトン都ホテル東京、グランドプリンスホテル新高輪などを設計した村野藤吾によって、昭和四十一年に**千代田生命本社ビル**として建築されたもので、平成十二年千代田生命が経営破綻し、同十五年から目黒区総合庁舎として使用されている。本館三階のエントランスホールには、十字架のように見える照明器具が並び、天井には春夏秋冬を表現する明かり窓が八つ設けられ、楕円の螺旋階段に続く意匠を目にする。本館一階には池を眺められる茶室があり、休憩場として開放されている。千代田生命は、平成十三年にＡＩＧスター生命保険に包括移転され、平成二十四年にジブラルタ生命保険に吸収合併されている。

［加藤三明］

ヨネとイサム・ノグチ

二重国籍者の親子

野口米次郎（ヨネ・ノグチ）

野口米次郎は、明治八年、愛知県海東郡津島町中島（現津島市）で、雑貨店を営む伝兵衛の四男として生まれる。八歳の頃から英語を学び始め、明治二十二年、愛知県尋常中学校（現旭丘高校）に進学するが、さらなる英語力の向上を目指して、翌年、十五歳で家出をして上京する。

同二十四年、慶應義塾に入学し、英米文学に夢中になり、渡米を決意する。同二十六年、福澤諭吉に退学の挨拶に行くと、単身渡米する勇気に感心し、結局人生は一六勝負だと激励された。その場面を「蠟燭《ろうそく》の光」で次のように記している。

「私の迎えられた部屋は薄暗かった。薄暗いも道理、部屋には一挺の蠟燭が隅の机の上に燃えているばかりであった。先生はその前にどかっと坐って、机の抽斗《ひきだし》から自分の写真を出し、墨を磨って写真の裏に七言絶句一首を書いてくださった。私は蠟燭の光を受けた先生の横顔をぢっと見詰めた。先生の耳は大きかった。先生の首は太かった。私は蠟燭を見る度毎いつもこの場面を心に浮かべる」

アメリカで、英語力や生活費に悩まされながら、詩人ウォーキン・ミラーと出会い、同二十九年「Seen and Unseen（明界と幽界）」を皮切りに英語の詩集を発表し、ヨネ・ノグチとして賞賛を得る。そして、彼の不十分な英語力を補って、詩の添削、編集などを行っていたのが、レオニー・ギルモアであった。やがて二人は恋愛関係となる。

同三十七年、日露戦争勃発に際し、彼は帰国を決意した。彼は別の女性に求婚していたが、レオニーはヨネの子どもを身籠っていた。彼はレオニーを残して九月に帰国し、レオニーは十一月に男子を出産する。この子が後述するイサム・ノグチである。

米次郎は、帰国後、慶應義塾大学の英文学教授として、明治三十八年より昭和十七年まで教鞭をとった。

英詩を作っていたが、それほど高い評価を得られず、「僕は英語にも日本語にも自信がない。云わば僕は二重国籍者だ」と記した『二重国籍の詩』が、皮肉にも高評価を得るという具合であった。詩作のかたわら日本文学・絵画を海外に紹介し、東西文化の懸け橋として活躍したが、昭和二十二年七月二十七日、満七十一歳で疎開先の茨城県豊岡にて胃ガンのため逝去する。

◉ヨネ・ノグチ像(津島市)

◉ヨネ・ノグチ墓(藤沢常光寺)

米次郎の生地、津島は、現在名古屋駅から名鉄で約三十分で行くことができる。津島は、かつて天王川(佐屋川支流)の津島湊と津島街道によって美濃と尾張を結ぶ要所として、また津島神社の門前町として栄えていた。今でも、格子戸の家、中にはうだつが上がった旧家が多く点在する。町内には、歴史的解説が多くなされている。

津島市本町四丁目二十二には**「野口米次郎の生家」**が残っている。子孫が所有しているが、既に二十年来無住で、かなり傷みが激しい。この先どうなるか不安である(口絵参照)。

三百メートルの川幅があった天王川は、土砂の堆積が進み、天明五(一七八五)年にせき止めて入江とした。これが現在の天王川公園の池になり、その中之島に昭和二十五年に建立された**「ヨネ・ノグチ像」**がある。台座に英詩「Lines（天地創造）」が刻まれ、書籍を携えて椅子に腰かけたヨネ像が置かれている。昭和二十七年、像を現在地に移転する式典に、イサムを招待したが、日本滞在中だったにもかかわらず、姿を見せなかったという。

彼の墓は、帰国後にすぐ上の兄祐真が住職となった縁で、半年間滞在していた藤沢の**常光寺**にある。

イサム・ノグチ

レオニー、イサム親子は、ロスアンゼルス郡パサディナに住んでいたが、ヨネからの来日要請と排日運動が盛んになったこともあって、明治四十年、イサム二歳のとき、母と共に来日するが、米次郎は、既に日本人女性まつ子と結婚していた。レオニーは、米次郎の詩を翻訳することで、生計を立てていたが、周囲は冷ややかで、イサムもいつも「混血児」という偏見でもって見られていた。

母は、十三歳になったイサムが混血児として日本で育つよりアメリカ人として育つ方がよいと決心し、また芸術はボーダレスであるからと、芸術家にさせるために渡米させた。ヨネは、日本を発つ船に乗り込んできて、引き留めたという。イサムはニューヨークのレオナルド・ダ・ビンチ美術学校入学、パリ留学を経て、抽象彫刻の分野で頭角を現わす。

昭和六年、来日前に父から「野口姓を名乗って日本に来てはいけない」と言われたにもかかわらず、父との再会を望み、二度目の来日をし、八カ月滞在する。再会を果たしたものの、父への憐れみとうとましさ、そして日本への愛着と外国人であるという矛盾の感情を感じることになる。

舞台装置、壁画レリーフ、家具などのデザインを手がけ、彼の名声は確固たるものになる。日系人収容所に自ら志願して入所するなど、日本とアメリカの狭間で揺られながらも、終戦を迎え、昭和二十五年、三年前に父は亡くなっていたが、ヨネの妻、異母兄弟に出迎えられて、三度目の来日を果たす。来日四日目の五月六日、父が教鞭をとっていた三田の慶應義塾を訪れ、爆撃で廃墟になった学問の府を見て、「ここはアクロポリスだ」と語った。ちょうど、建築家谷口吉郎が、**萬來舍**（**第二研究室**）を設計中で、ここにイサムと谷口、同い年同士でデザインした談話室をつくることとなった。

萬來舍とノグチ・ルーム

萬來舍は、明治九年福澤諭吉が、教員と学生が自由に出入りできる団欒の場として「千客万来」を望んで建てたもので、二代目の建物が戦災で焼失していた。イサムは、父への思いを形にする機会として、さらに戦争で傷ついた若者たちが未来を語れる場を創造してデザインした。昭和二十六年八月に竣工したノグチ・ルームと呼ばれる部屋は、畳と楕円のソファー、靴を脱ぐ所と脱がない所、竹や和紙の素材を使ったモダンな照明など、西洋と東洋が統合された形になった。イサムは、西側の庭園制作にも精力的に取り組み、石の彫刻**「無」**と鋳造鉄棒で構成された**「学生」**のモニュメントを置き、玄関前には、金属板で構成された**「若い人」**を設置した。

◉ノグチ・ルーム（慶應義塾三田キャンパス南館内）

「視界は西に向ってひらけ、沈んでいく太陽が、私の彫刻「無」をシルエットにして浮き出たせ、天井からの光で点火してそれを石燈籠のようにします。碧空に向って聳える鉄の彫刻「学生」は、抱負溢れる学生諸君への私からの捧げものです」とイサムは語っている。

しかし、萬來舎は南館建設のため、平成十五年に取り壊され、ノグチ・ルームの部分だけ移設保存されることになった。しかし、現状保存運動が起こり、米国イサム・ノグチ財団も現状保存を強く訴えたが、もし移築する場合はオリジナルの復元は許可せず、クリエイティビティなものが付加しなければならないと主張した。平成十七年に南館屋上庭園に移設したが、室内空間は、建築家隈研吾（元理工学部教授）が一階の天井を取り払い、メッシュを通して作品を眺めるようにし、庭園は世界的にも著名なフランスの環境デザイナー、ミッシェル・デヴィーニュが眺望の良い庭を作製した。「無」はここにかつてと同じ方角に向かって設置され、「学生」「若い人」は南館内に置かれている。

イサムは、昭和四十九年から最上級の御影石、庵治石《あじいし》を産出する高松市牟礼《むれ》町にマルと呼ばれる作業場を確保した。この頃のイサムは地球を彫刻すること、すなわち石の

◉ノグチ・ルームと彫刻「無」（慶應義塾三田キャンパス）

彫刻や庭園設計に魅せられていた。さらにここに丸亀の旧家を移築した住居を設け、春と秋の数か月滞在し、石の彫刻を行い、裏の段々畑のところを彫刻公園にした。

現在、ここは**イサム・ノグチ庭園美術館**になっている。高松駅からタクシーで二十分、周りには多くの石材店が点在している。

石垣のサークル「マル」には、完成、未完成百五十点の石の彫刻や作業蔵が置かれており、ここに立つとなぜか神々しさを感じる。私が訪ねたときは、青空が覗いているのに花びらが散るように雪が舞ってきた。説明板は一切なく、写真撮影も禁止していることが、その雰囲気を助長している。

裏の彫刻庭園には、古墳のようなマウンドが築かれ、頂上に卵形の石が置かれている。中にはイサムの遺灰が収められているという。ここからは東に五剣山と石切り場、西に源平合戦の舞台屋島を望み、下には屋島と牟礼の町が広がっている。

この美術館は、火・木・土曜開館、一時間のツアーが一日三回行われている。全て事前予約が必要である。

「二重の国を持ち、二重の育てられ方をした私にとって、安住の場はどこだったのか？　私の愛情はどこに向ければいいのか？　私の身元はどこなのか？　日本かアメリカの、一方なのか、両方なのか、それとも世界に属しているのだろうか？」（イサム・ノグチ『ある彫刻家の世界』）

父に憎悪の念を抱きながらも、芸術家として、また日米に生きた境遇に共感し、父の人脈にも助けられ、心の底では慕っている。もしかして、ヨネあってのイサムであり、イサムあってのヨネであったのかもしれない。二つの立方体を跨ぐように直方体が載ったヨネの墓は、イサムがデザインしたと伝えられている。

［加藤三明］

column

モエレ沼公園

札幌にイサム・ノグチの最後の作品というべきものがある。札幌市の中心から北東約八キロ、旧豊平川の一部が三日月湖（モエレ沼）となり、それに囲まれた約一八八ヘクタールの**モエレ沼公園**である。

大地そのものを彫刻して地球を彫り込むことに情熱を燃やすイサムであったが、なかなか場所と機会を得ることができなかった。町を公園や緑地の帯で包み込もうという「環状グリーンベルト構想」を企画していた札幌市が、イサムの構想を叶えることになった。イサムは、昭和六十三年三月にモエレ沼に囲まれたゴミ埋立処理場を訪れ、ここに公園を作成することを決意した。その後、三度モエレ沼を訪れ、十一月には公園のマスタープランの図面と二千分の一の模型が完成したが、十二月三十日、イサムはニューヨークで急逝してしまう。

マスタープランの図面と模型しか残されていなかったが、イサム・ノグチ財団から財団の監修を受ければ、イサムの作品として公認するという許可を得て、アーキテクトファイブを中心とした設計チームが具体的に細部を検討し、制作を行った。

平成四年、イサムが考案した遊具が置かれた遊具広場がオープンし、続いてマヤのピラミッドを思い浮かばせるプレイマウンテンや、ステンレスの三本の柱でピラミッドを構成したテトラマウンド、ストーンへンジを思い起こさせるミュージックシェルが完成し、同十年七月第一次オープンが行われた。さらに管理棟であるガラスのピラミッド「ＨＩＤＡＭＡＲＩ」、高さ五十メートルのモエレ山、水のショーが行われる海の噴水が完成し、イサムが構想を始めてから十七年、ついに平成十七年七月グランドオープンが行われた。

◉モエレ沼公園。右奥はモエレ山

モエレ沼公園は、普通の公園と異なり、ベンチ、売店、自動販売機、手洗いがなかったり、人目につかないところにあったりする。モエレ山の山頂からは眼下に芝生の緑が、そして石狩平野が三六〇度広がる。心地よい風が頬に触れて大自然の中の自分を感じる一方、公園内のピラミッドやナスカの地上絵を想起させる公園の通路と幾何学的な模様が広がり、人工的な美しさをも感じることができる。

次回は、雪化粧した真っ白なモエレ沼公園を見てみたいものだ。

［加藤三明］

紀州和歌山と義塾の洋学

南海電車和歌山市駅から徒歩五分、紀ノ川を裏手にして**和歌山市立博物館**がある。和歌山の歴史を伝える常設展示には、「近代和歌山の出発」と題するコーナーがあり、「藩政改革の際、学習館知事の濱口梧陵《ごりょう》は、福澤諭吉の援助で共立学舎をたて、洋学の導入を推し進めた。廃藩後も、慶應流の英学教育は徳義学校等へと受け継がれる」と説明している。そして、同館所蔵の『共立学舎新議』と『慶應義塾読本ピネヲ氏原板英文典』が展示され、それらの説明には、松山棟庵、小泉信吉《のぶきち》、鎌田栄吉と、福澤の門下生の名前を見出すことができる。

紀州和歌山は、草創期の慶應義塾にとって忘れてはならない藩である。慶應義塾への入門者では、いわば地元の武蔵国に次ぐ多さで、中津、長岡と共に義塾の「三藩」と言われていた。中津藩の屋敷の中に塾舎があった鉄砲洲時代に、紀州藩がその費用を負担して、紀州藩出身者の寄宿のための「紀州塾」が置かれたほどである。

また、その出身者には、慶應義塾医学所の校長を務めた松山棟庵、初代幼稚舎長の和田義郎、大学部開設に尽力した塾長・小泉信吉、福澤没後の義塾の発展に貢献した塾長・鎌田栄吉をはじめとして、義塾の歴史において重要な役割を果たした人が多い。

今日、和歌山に、これらの人達に関する史跡はあまり多くは無いが、当時の紀州とのつながりの痕跡を辿ってみたい。

小泉家の墓碑

入社帳を見ると、慶應二年十一月二十八日に、小泉信吉、和田義郎、草郷清四郎、小川駒橘、小杉恒太郎ら紀州から九人が、福澤の英学塾に入門していることがわかる。和歌山藩では、他藩の出身ではあるが適塾出身者の山口良蔵と池田良輔が雇われ、洋学の教育や藩の対外的な仕事をしていた。更に、同藩出身で適塾に学んだ塩路嘉一郎も藩政改革の中心にいた。紀州からの大量の入門者があった背景には、これらの適塾同窓のつながりもあったに違いない。

　八人のうち、小泉信吉は、塾で学んだ後、英国に留学し、帰国後は、大蔵省に出仕し、さらに横浜正金銀行の設立に貢献した。また、明治二十年から二十三年にかけて塾長を務めた。後の塾長小泉信三の父親でもある。

　小泉家の墓は、**多磨霊園**にある。元々、「小泉信吉之墓」として上大崎常光寺にあったものを、改装した際に、「小泉家之墓」と彫り直して移されたものである。

◉善稱寺に残る小泉家の墓

　しかし、和歌山市の**善稱**《ぜんしょう》**寺**(同市本町五丁目)にも**小泉家の墓**が残っている。信吉の父、文庫が亡くなった時に信吉が建てたもので、オベリスク型の墓石の側面には、「明治十六年五月二十九日　嗣子小泉信吉建之」と刻まれている。小泉家では、常光寺から多磨霊園に改装する際に、信吉の妻千賀の実家の林家の墓も引き取った。しかし、この善稱寺の墓は、寺の当時の住職が、そのままお墓を置かせて欲しいと願ったことから、そのまま残ることになったという。今日では、紀州出身者に関する、和歌山市内に残る唯一と言ってもよい記念碑でもある。

和歌の浦

　小泉信吉は、横浜正金銀行副頭取、大蔵省の主税官等を経て、明治二十年、慶應義塾の総長(この時のみ、塾長とは呼ばずに総長と称した)に就任した。信吉は、資本金募集をはじめ、大学部開設に向けた準備を進めた。

　しかし、進級制度の整備に反対する学生の「同盟休校事件」への対応、大学部の主任教授を米国から招くための交渉等で福澤と信吉は意の合わない所が大きくなり、信吉は、明治二十二年の春、和歌山の和歌の浦に、病気を理由に引

◉芦辺屋本館跡前から見た妹背山と旧芦辺屋別荘

きこもってしまった。

その時のことを小泉信三が「師弟」(『小泉信三エッセイ選2』慶應義塾大学出版会所収)と題する随筆で記している。

「急に国へ帰るというので、母は福澤家に暇乞いに行った。後日の母の話によると、福澤先生は母に、おちかさん(母の名)、なぜ信《のぶ》さん(父の名)を止めてくれないのか、といったという。(中略)先生の言葉をきいて、夫の肩を持ち、「それもこれもみんな先生が悪いからじゃありませんか」といって、先生の前で泣いた(母の言葉通りでは、泣イテヤッタ)という。」

「父は和歌山に帰って、和歌の浦の旅館に落ちついた。当時、和歌の浦は市から相当離れていた。その波の静かな岸に、その頃土地で有名だった「あしべや」という料理屋兼旅館があり、父と母と四歳の姉と私と女中とは、その家に永く滞在することになった。父は日々酒に不平をまぎらわせていたことであろう。」

和歌の浦は、古くから風光明媚の景勝地として知られ、万葉の時代から多くの歌人によって歌われてきた地でもある。信吉一家が泊ったという旅館芦辺屋は、十七世紀半ばの慶安年間に造られた茶屋で、明治時代には料理旅館として多くの文人墨客が逗留した。例えば、明治三十四年には、ロンドンで知り合った孫文と南方熊楠がここで再会したという。

現在は、芦辺屋の本館は残っていないが、その跡には、**「芦辺屋・朝日屋跡地」**と題された説明板が立っている。また、脇には、天保四年に建てられた松尾芭蕉の句碑、背後には、鏡山と、塩竈神社、玉津島神社等がある。また、眼前には、石橋の三断橋を渡って、妹背山という本当に小さな島があり、そこには、多宝塔や観海閣等がある。このように、信吉が逗留した時の情景を偲ぶことができる。
なお、妹背山には、今日も、**芦辺屋別荘**の建物が保存されている。内海に浮かぶ小島ならではの風情があることから、皇族等が泊ることもあったと言う。明治二十年代の絵図にも描かれている建物なので、この地に来ると、小泉が滞在したのは本館か別荘かと想像したくなる。

信吉の学問と人格を尊重していた福澤は、帰京を促す手紙を書いたが、それでは不十分と、当時、山陽鉄道社長として神戸にいた甥の中上川彦次郎が神戸から和歌山まで行き、説得に当たった。中上川と小泉は、ロンドンに同宿で留学した最も親しい関係にあった。

「師弟」の描写を読んでみたい。

「母の昔語りによると、父は中上川を迎え、母と三人、漁師に船を出させて、人のいない海の上で話をした。父はこの親友に対して、憚りなく思うことをいったらしい。（中略）いずれにしても中上川は小泉の辞意の動かし難いことを復命した筈である。」

芦辺屋からの海は、片男波の砂嘴《さし》に守られ、海面に殆ど波はない。その海に出て中上川と話した時の信吉の心境は如何であったろうか。信三は、続けて次のように記した。

「今の私は、塾長として塾務に対する干渉を憤る父よりも、無二の恩師がさしのべた手を握らなかった、そのあとの寂寥感になやむ父に同情したいと思う。」

共立学舎と濱口梧陵

冒頭に示したように、和歌山から多くの入塾者がいただけでなく、義塾で学んだ後に、和歌山における洋学の普及に貢献する者も多かった。

慶應二年に義塾に入門した松山棟庵は、明治二年に帰郷すると、濱口梧陵と洋学校の設立を企図、義塾の理念に基

◉広川町立耐久中学校の校庭に立つ濱口梧陵像

◉広村堤防

づく共立学舎を開校している。この際、二人は、福澤諭吉を招聘しようとする。福澤は受けなかったが、協力は惜しまなかった。

濱口は松山の紹介で福澤に出会って以来、福澤に傾倒し、二人の親交は濱口が明治十八年、海外視察中にニューヨークで病死するまで続いた。濱口は、家業の醤油醸造業の一方で、藩政改革に尽力、後には最初の県会議長を務めた人で、一昨年の東日本大震災で注目されることになった「稲むらの火」の主人公でもある。安政元年の安政南海地震で濱口の郷里広村にも大津波が襲った。その時、濱口は稲むらに火を付ける。村人達は、日も暮れる中、それを目印に高台に逃げたという故事である。

和歌山駅からJR紀勢本線に乗り、湯浅駅から徒歩十五分、**濱口梧陵記念館**と津波防災教育センターからなる**「稲むらの火の館」**があり、福澤との親交が展示されている。また、その周辺には、**濱口梧陵記念碑（広八幡神社）**、村人の安全と職の確保のために計画し私財で建てた**広村堤防**等の濱口関連の史跡がある。

共立学舎は藩政改革や廃藩置県等の影響もあり約一年の短命に終わった。しかし、和歌山での慶應義塾流の英学教育は、開知中学校とその後身の自修学校等で展開された。鎌田栄吉をはじめ、和歌山出身の義塾の教員が半年ずつ順番で教えたのも、それを端的に示すものである。

初期の慶應義塾には、福澤諭吉を頼り、藩の俊秀を藩費で送る諸藩があった。そして明治期に入ると、義塾はいわば洋学の総本山として、各地の出身者が全国の洋学の普及に貢献することになる。そのようなことを考える時、和歌山は、慶應義塾の直接的な史跡こそ少ないが、欠くことのできない土地である。

［山内慶太］

望郷詩人
南紀の佐藤春夫

佐藤春夫は、明治二十五年四月九日、和歌山県東牟婁《むろ》郡新宮町船町（現新宮市船町三丁目）に生まれ、新宮第一尋常小学校、新宮中学（現新宮高校）を卒業後、明治四十三年、終生の友人となる堀口大學と共に永井荷風に教えを受けんと慶應義塾大学文学部予科に入学する。しかし、「三年《みとせ》がほどはかよひしも　酒、歌、煙草、また女　外に学びしこともなし」と詠んだように、大正二年に大学を中退する。以後、文筆活動に専念し、詩、短歌、小説、戯曲、随筆、文芸評論と多くの著作を残した。

懸泉堂

春夫の父豊太郎は、新宮から紀勢本線で約三十五分、距離にして二十キロ程南下した下里で生まれた。

佐藤家は、代々医家を営み、春夫の曾祖父椿山は「懸泉堂」という家塾も開いていた。下里駅から国道四二号線に出て南へ、下里大橋を渡り八尺鏡野《やたがの》の交差点を左折し、線路を越えた右側に春夫の実家**「懸泉堂」**の建物が現存している。裏山に滝があったので「懸泉堂」と名付けられたという。瓦に刻まれた文字から文化十三（一八一六）年に建てられたものと推測でき、大正十三年豊太郎が新宮からここに戻った時に建てた赤く塗られた洋館が増築されている。昭和五年八月、春夫は谷崎潤一郎夫人千代と結婚し、細君譲渡事件として世を沸かせたが、心労のため健康を損ね、同年十二月から翌年三月まで、温暖なこの実家で療養していたこともある。現在「懸泉堂」は無住で、春夫の姪の娘が所有しているというが、建物の傷みが激しく保存の声も上がっている。

誕生地と生育地

父豊太郎は、和歌山医学校を卒業後、明治十八年帰郷するが、結婚について養父母との意見が合わず、翌年、下里を離れて新宮で開業する。明治二十四年十一月新宮町船町において佐藤医院を開業して、ここで春夫は生まれる。

春夫は昭和三十二年に朝日新聞に連載され、翌年単行本として刊行された『わんぱく時代』というものを執筆している。少年時代を描いた自叙伝的小説で、春夫は「あとがき」で「自叙伝的内容を持った虚構談」と述べているが、新宮の描写は事実としてよいだろう。

『わんぱく時代』に生家に関する次の記述がある。「生まれた家は本町通りの北隣に本町と並行して熊野川の川原のすぐ上にある材木問屋の多い船町通りの東部分、下船町が魚屋ばかりの雑賀町に曲がろうとする角から二軒目か三軒目で、北向の間口三間ばかりのささやかな二階建の借家であった」。

現在、この場所には昭和四十七年に建てられた**「佐藤春夫誕生の地」の碑**がある。右側面には、春夫誕生の際、父豊太郎が詠んだ「よく笑へどちらを向いても春の山」という句が、春夫の筆で刻まれている。

しかし、この生家は明治二十九年十二月二日の大火で焼失、登坂《とさか》の地に移転し、熊野病院として開業した。春夫が上京するまで、育ったのがこの地である。

「僕の家は丹鶴城《たんかくじょう》のお城山の西南のふもとにあって、北はその山を負い、南には城のお堀の池に臨み、町の大通り、本町の東の部分下本町の東の端に位して、門は遠く上本町の西の詰にある速玉神社の鳥居と相対している」と『わんぱ

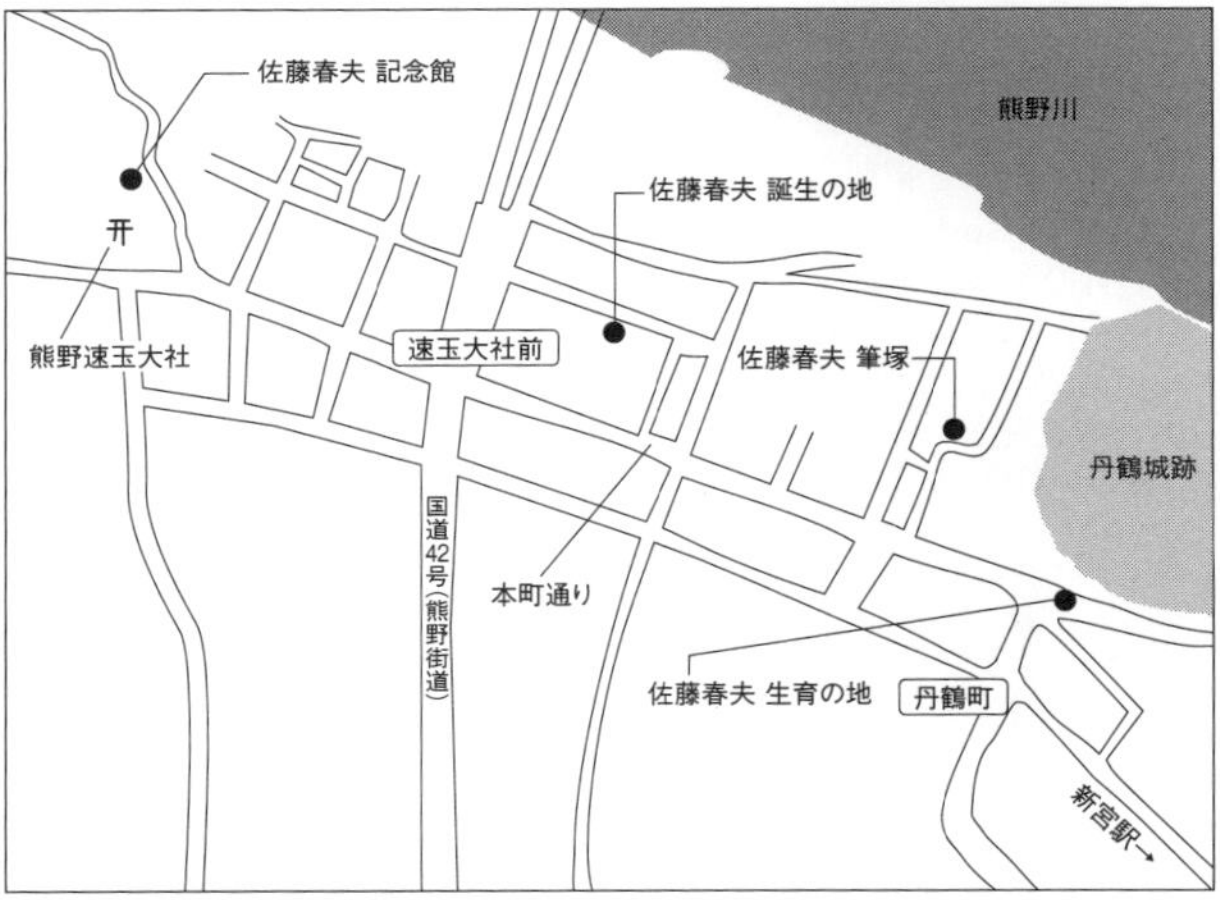

◉新宮市街　佐藤春夫史跡関係地図

く時代』にある。

大正十年前後、熊野病院は人手に渡り、戦後は近畿大学短期大学部新宮分校になっていたが、昭和五十九年に取り壊され、平成十一年には道路拡張で跡形もなくなった。

誕生地の碑から本町通りに出て、東に歩くと左手に丹鶴城址への登り口の石段があり、その白壁に**「佐藤春夫生育の家」**の説明板があるが、熊野病院の正面の石段はその右手の道路になっている所にあった。白壁の後ろに、石灯籠と井戸跡があり、庭の名残だけを見ることができる。

速玉大社と佐藤春夫記念館

熊野川の河口に開けた新宮は、江戸時代は紀州徳川家付家老水野家三万五千石の城下町となり、昭和三十年頃までは熊野材の中継地、製材業で繁栄した所である。そして何より熊野三山に数えられる熊野速玉大社の門前町として栄えた町である。

本町通りを西に行くと、突き当りに速玉大社がある。その大鳥居の手前左に「秋晴れよ　丹鶴城址　児に見せむ」という春夫詩碑(昭和六十二年建立)がある。表参道を進み、神門手前の右、手水舎の奥の土塀に春夫作の「望郷五月歌」の陶板がはめ込まれている。詩の冒頭の十九行が記されているが、「空青し山青し海青し　日は輝かに南国の五月晴れこそ　ゆたかなれ」で結んでいる。昭和三十四年の除幕式には、春夫夫妻に門弟の壇一雄も参加している。

「望郷五月歌」の詩碑の奥には、**「佐藤春夫記念館」**がある。春夫は、東京の関口町(現文京区関口三－六－一六)に初めて自宅を建て、終生そこを住まいとしたが、その建物を移築復元し、平成元年に「佐藤春夫記念館」としてオープンした。

記念館に入り、細い廊下を進むと左手に応接間が目に入る。中国風のロビーという感じで、マントルピースの前に

◉佐藤春夫記念館　応接間

畳三畳を敷いた洋間である。

門弟柴田錬三郎は、春夫の一周忌に次のメッセージを寄せている。

「先生の坐られる場所は暖炉を左に見る窓際であった。先生はそこで大きな耳をこすりライターを鳴らし乍ら話をされた。そこには、いつも春風が吹いていた」

二階に上がると、親友の堀口大學が語っている八角塔の書斎がある。

「そのころ、佐藤君、狭い書斎がすきでしてね。あの家の二階に塔みたいな部分があるのですよ。そこに二畳の部屋をこさえまして、ずいぶん長い間、そこを書斎にしておりました。枕の上とか、狭いところで仕事をすることが好きなのですね。大きな書斎なんか、かまえたことないのじゃないですか」

◉佐藤春夫像（高田博厚作、佐藤春夫記念館内）

展示品は、著書の初版本、自筆原稿、自作詩歌の書、春夫が描いた絵画、愛用品など豊富に揃っている。
誕生地と生育の地の中ほどに新宮市市民会館があるが、そこに春夫愛用の万年筆と毛筆を納めた**「佐藤春夫　筆塚」**（昭和四十一年建立）がある。那智黒石に刻まれた「佐藤春夫筆塚」の文字は、堀口大學による。毎年十一月三日、ここで筆供養が行われているが、その時に「黒潮巡る紀の南熊野の都新宮市　蓬萊なりとその昔　徐福もここに来たり

◉佐藤春夫　筆塚

とか　山紫に水明《きよ》く　人朗らかに情《なさけ》あり」

という春夫作詞、信時潔作曲の「新宮市歌」が歌われている。

新宮から紀勢本線で十五キロ南下すると紀伊勝浦駅があり、その駅前に、春夫が思いを寄せていた谷崎夫人千代とその子鮎子と三人で囲んだサンマの夕餉を詠んだ**「秋刀魚の歌」の詩碑**がある。

ゆかし潟

那智勝浦駅から国道四二号線で三キロ弱南下すると**「ゆかし潟」**という周囲二・二キロの汽水湖があり、国道脇に「佐藤春夫命名　ゆかし潟湯川温泉」という大きな看板を目にする。そして国道を挟んだ反対側に「なかなかに　名告《なの》らざるこそ床しけれ　ゆかし潟ともよはゝ呼はまし」という春夫が名付けたゆかし潟を詠んだ**「佐藤春夫先生之歌碑」**がある。

春夫は、全国の六十校余りに及ぶ校歌を作詞している。新宮市では丹鶴小学校（春夫の母校、新宮第一尋常小学校であった。現在は統合され敷地も代わり神倉小学校となっている）、新宮商業高校（新翔高校になっている）、緑丘中学校、周辺では熊野市の木本高校、木本中学校、木本小学校、紀宝町の鵜殿小学校、紀宝町矢淵中学校、那智勝浦町の浦神小学校（廃校）、下里小学校、下里中学校、古座川町の古座中学校がある。

慶應関係では、「普通部の歌」（堀内敬三作曲）、幼稚舎創立八十周年を記念してつくられた「幼き塾生の歌」（山田耕筰作曲）、幼稚舎創立九十周年を記念して「福澤諭吉ここに在り」（信時潔作曲）を作詞している。

下里の墓所

昭和三十九年五月六日、先の応接間で朝日放送の「一週間自叙伝」を録音中、心筋梗塞の発作を起こし、間もなく息を引き取った。七十一歳であった。春夫の墓は、本墓所の京都知恩院、他に小石川の伝通院、明石の無量光寺、そして下里にある。「懸泉堂」の前の道を右にとって行くと下里小学校のグラウンドが見え、グラウンドの向こうに見える共同墓地の山側の石垣の上に**佐藤家の墓所**がある。多くの墓石の中で、春夫と千代夫人の戒名を記したものがある。

春夫の戒名は「凌霄院殿《りょうしょういんでん》詞《し》誉《よ》紀精春日《きせいしゅんじつ》大居士」。凌霄花はノウゼンカズラと呼ばれ、赤オレンジのラッパ状の花を咲かせ、春夫が「不老不逞でわが文学の象徴」として愛した花である。記念館入口のアーチの門、かつての自宅の門の屋根瓦にノウゼンカズラの蔓が這っていた。

［加藤三明］

水原茂と別当薫

慶應義塾における野球の歴史は、すこぶる古い。明治十七年にアメリカ人ストーマー氏の教授を受け、同二十一年に三田ベースボール倶楽部が組織され、体育会が創設された同二十五年には体育会野球部が発足している。この伝統ある野球部出身者で、像が建てられている人が二人いる。水原茂と別当薫である。

水原茂

水原茂は明治四十二年、香川県高松市で生まれる。生後百日で両親は離婚。野球の好きな祖父は、孫の気晴らしにとボールで遊ばせた。父親は水原というクリーニング屋の婿養子になるが、茂は義理の母になじめず、つらい日々を送っていた。「野球をやっていて救われた。そうでなければ不良少年になっていた。」と彼自身、述懐している。

旧制高松商業学校（現県立高松商業高等学校）に進学した水原は、一年先輩で、後に慶應大学の黄金時代を担う宮武三郎投手と共に甲子園に出場し、名をはせた。水原は、大正十四年と昭和二年に甲子園で優勝を経験している。

現在、高松商業の正門を入って左に、**昭和二年の優勝を記念した銅板が埋め込まれた石碑**がある。銅板にはメンバーの名も記され、「右　水原茂」の名が見える。昭和九年、全国中等学校優勝野球大会の第二十回を記念して、甲子園に野球塔なるものが建設され、そこに過去の優勝校名・メンバーが刻まれた銅板がはめ込まれた。銅板は戦時中の金属供出の憂き目に遭うが、高松商業の銅板は偶然にも鋳潰されずに残っていた。

高松商業は、名門高松中学に追いつくため、慶應大学からコーチを招いていた。その関係からか、昭和三年水原は慶應に進学し、その年の秋季リーグ戦から主に投手として登場する。慶應野球部は、このシーズン十戦十勝という輝かしい成績を収め、紺・赤・紺のストッキングに記念の白線を入れることになった。

翌四年から主として三塁手として出場し、在学中五度のリーグ優勝を経験する。同八年の早慶戦では、かの有名な「りんご事件」の渦中の人となった。三塁側に陣取った早稲田応援席から物がひっきりなしに投げ込まれ、その片付けをしていた三塁手水原の投げたりんごが偶々早稲田応援席に入った。その後、逆転負けを喫した早稲田の応援団は、

◉水原茂（慶應義塾大学時代）

水原の行為に憤慨し、グラウンドになだれ込み、そのシーズンに塾長から贈られた慶應応援団の指揮棒を奪い取った。問題は大きくなり、早稲田野球部長の辞任、同チームの一シーズン出場辞退となった。平成二十一年の「未来をひらく福澤諭吉展」では、野球体育博物館蔵の水原の慶應のユニフォームが展示された。フラノ生地で、背のタグはローマ字で高島屋と入っている。
昭和十一年巨人軍入団、昭和十七年召集を受けて戦地に赴き、シベリア抑留を経て、昭和二十四年七月帰国、後楽

◉水原・三原の銅像（高松中央公園）

園球場で「水原茂、只今帰って参りました。」と挨拶をし、翌年、三原脩の後を受けて巨人軍監督に就任する。**高松市立中央球場の跡地、高松中央公園**に平成五年に建てられた**銅像**は、巨人の水原、西鉄ライオンズの三原両名が並び立つものである。

三原は、水原より二歳年下で高松では野球人気を高松商業と二分していた高松中学出身で、早稲田大学に進学した。昭和六年春の早慶戦では、水原が投手を務めていた時、勝ち越しホームスチールを成功させている。昭和九年に巨人軍の前身大日本野球倶楽部に入団、巨人軍では三塁水原、二塁三原で名をはせていた。水原が巨人軍監督に就任すると、三原は西鉄監督となり、同三十一年から三年連続で日本シリーズは、水原の巨人と三原の西鉄の顔合わせとなり、世間は「巌流島の決戦」と書き立て、西鉄は三年連続で日本一となった。しかも、昭和三十五年三原が大洋の監督になると、その年セ・リーグ優勝は大洋、水原の巨人は後塵を拝し二位となり、水原は巨人を去る。

水原はその後、東映、中日の監督となり、東映を日本一にしている。監督としての水原は、どうも三原に分が悪いが、監督業を務めた十八シーズンで、勝率〇・五八六、リーグ優勝九回、日本一が五回は誇れる数字であろう。ちなみに三原は、勝率〇・五三八、リーグ優勝六回、日本一が四回である。

私の記憶にある水原は、東映、中日監督時代で、両手をズボン後ろのポケットに突っ込み、監督自ら三塁コーチャーズボックスに立つ姿である。昭和五十七年に水原は七十三歳で亡くなる（墓所は鶴見の総持寺）。そして、その二年後に三原も後を追うように鬼籍に入るのである。

別当薫

別当薫は昭和九年、兵庫県西宮市に生まれ、甲陽中学校（現甲陽学院高等学校）在学中に三度、甲子園に出場、同十五年慶應大学に入学する。同十七年春の東京六大学リーグ戦ではレフトを守り、打率〇・五〇〇をマークして首位打者となった。翌年の出陣学徒壮行早慶戦、いわゆる「最後の早慶戦」に四番打者で出場するが無安打に終わった。同二十一年六大学野球が復活し、主将として春の優勝に貢献するが、繰上げ卒業が行われ秋のリーグ戦には出場していない。

同二十二年、阪神に入団、二十五年二リーグ分裂に際し、毎日オリオンズに移籍。その年、打点王、本塁打王を獲得、パ・リーグ初代ＭＶＰ、日本シリーズ初代ＭＶＰに輝いている。

◉別当薫記念碑（尾鷲市営野球場）

同二十七年に監督代行となったのを皮切りに、毎日（大毎）、近鉄、大洋、広島、大洋の監督を通算十九シーズン務めた。監督としての勝率は〇・五一七、勝利数は一二三七勝で歴代九位である。十一位は川上哲治の一〇六六勝、十二位は長嶋茂雄の一〇三四勝で、ここまでが一〇〇〇勝以上の監督であるが、優勝経験がないのは別当だけである。

平成十一年四月二十七日、七十八歳で亡くなるが、私の記憶は大洋監督時代の飄々とした風貌と、「球界の紳士」と呼ばれたようにHOYAバリラックスⅡのコマーシャルで見せた俳優のような端正な表情である。

その**別当の銅像**が三重県尾鷲の**別当薫メモリアル尾鷲市営野球場**にある。別当の父は尾鷲出身で、別当自身の本籍も尾鷲であった。別当は尾鷲について次のように語っている。

「私にとって尾鷲は、少年時代の夢の尽きないパラダイスでした。本当に昔の尾鷲は良かった。私は昭和二年に小学校に入学以後、六年間、夏休み一カ月間は尾鷲で暮らしました。」

このように彼の尾鷲への思い入れは強く、市営球場の移転を記念して、昭和六十二年から別当杯争奪軟式野球大会を尾鷲で開いている。この大会は、中学生以上の尾鷲市民のために毎年十〜十一月にかけて開催され、二〇一七年で三十一回目になる。そして、別当が亡くなった年の十一月二十七日には、長嶋茂雄によって「別当薫記念碑」と書かれた石碑と阪神時代のバットを構えた等身大の別当の銅像が完成した。長嶋とは出身校も所属チームも異なっていたが、別荘が同じ箱根仙石原にあって懇意にしていたという。碑の揮毫は、尾鷲の方々が張本勲に仲介をお願いして実現した。地元の方々で別当薫記念碑保存会も組織され、今も清掃、保存に力を注いでいる。

彼の銅像を見て、違和感を覚えた。バットを握ったグリップの位置がベルト付近にある。見たことのないフォームである。現在は便利な時代で、インターネットで直ぐ、動画の別当のバッティングを見ることができる。彼は、肩の辺りで構えたグリップをベルト付近まで落としてからまた上げて打つのである。理論的には、好ましくないと言われているヒッチである。彼もそのことを理解して、ヒッチを止めたら、かえってボールが飛ばなくなってしまったという。彼は指導者として次のような言葉を語っている。

「自分の持論の型を押しつけてはダメということ。腕っぷしの強いのもいるし、弱いのもいる。リストの使い方のうまいのもいるし、下手なやつもいる。それぞれに特徴がある。その特徴を変えさせて『これが理想の型だ』と押しつけようとするといけない。」

◉別当薫（慶應義塾大学時代）［慶應義塾福澤研究センター蔵］

別当はほぼ毎年尾鷲を訪れ、遠戚に当たる濱田洋輔氏宅に滞在していた。

濱田氏に話を伺うと、彼はコーヒー、タバコ、そして尾鷲の食べ物が大好き。しかも、電話魔で、人と話すのも大好き。人柄は、気配りが利き温厚だけれど、好き嫌いがはっきりし、頑固な面もあったという。濱田氏宅には、大毎オリオンズ監督時代のユニフォーム、野球殿堂のプレート、殿堂入り除幕式に招待する旨の手紙、長嶋直筆の「別当薫記念碑」の色紙などが残されている。

昭和五十二年に水原が、六十三年には長嶋と共に別当が野球殿堂入りを果たし、**野球殿堂博物館**にプレートが飾られている。他に慶應大学出身で野球殿堂入りを果たしている者は、小野三千麿、櫻井弥一郎、宮原清、宮武三郎、腰本寿、小林一三、三宅大輔、島田善介、直木松太郎、小泉信三、浜崎真二、平沼亮三、桐原眞二、山内以九士、山下実、村上實、藤田元司、牧野直隆、保坂誠、山本英一郎、松田耕平で、水原、別当を含めて二十三名を数えている。

［加藤三明］

水上瀧太郎

文学と実業の二重生活

「三田文学育ての親」とも称される水上瀧太郎《たきたろう》、本名阿部章蔵は、草創期の慶應義塾に学び、日本で最初の生命保険会社、明治生命を創立した阿部泰蔵の子である。明治二十年生まれで、普通部より慶應義塾で学び、大学部理財科を卒業してからは、米国、ロンドン、パリ等で学んだ。そして大正五年に帰国してからは、明治生命に勤務した。

一歳年下の小泉信三とは、父が共に福澤諭吉の高弟であったこともあり、御田《みた》小学校時代からの親友であった。共に普通部から義塾に学び、明治四十三年に三田文学が創刊された頃には、小泉の他、後の美術史家澤木四方吉《よもきち》らも一緒に文学グループを作っていた。ロンドンでも同じ下宿に過ごしたことがあり、その情景は瀧太郎の『倫敦《ロンドン》の宿』によく描かれている。帰国後には、瀧太郎がいつも熱心に薦めていたこともあって、小泉は瀧太郎の妹とみを妻とした。

◉左から、水上、澤木四方吉、小泉信三、松下末三郎（大正４年、ロンドンにて）
［慶應義塾福澤研究センター蔵］

大阪の宿

大阪の土佐堀通りから肥後橋を中之島にわたり、川沿いの歩道を左手に暫く進むと、

「三田は変に寂しかった。
欄干に近く遥々と見渡される
澄み渡った星空の下を　静に
下る川船の櫓の音が　ぎいと
冴えて聞えて消えて行く
水上瀧太郎『大阪の宿』より」

●水上瀧太郎文学碑（大阪市北区中之島三丁目中之島遊歩道内）

と彫られた**石碑**がある。

これは、昭和六十年に大阪市が建てたもので、脇には「（略）若い頃二年余りを大阪で過ごし、代表作『大阪の宿』では大阪人の気質を描き、その哀愁とまるまる季節の移り変わりを淡々と写した」と書かれた説明板がある。

かつて久保田万太郎記念講座「詩学」の連続講義で小泉信三が全九回の文芸談をしたことがある。その一回「鏡花と瀧太郎」では、瀧太郎の義理堅く、正義感が強く、そして俠気に富んだ人柄と文学を詳しく語った。『大阪の宿』についても次のように語っている。

「これは水上瀧太郎が保険会社の支店次長として大阪に滞在している間に、自分の宿泊しておりました旅館、（略）下宿に少し羽がはえたような程度の旅館ですが、その旅館に滞在している間に、出入りする人々、それから大阪の社会で彼れの接触する人々の間に起ったいろいろの事件を書いたもので、その主人公と見える作者は、正義感が強いために、周囲の人々と摩擦も起すし、また周囲の人々から好感も持たれる、そういう意味において、『大阪の宿』は夏目漱石の『坊っちゃん』に比すべきものだという人があり、私も尤もと思います」（小泉信三『わが文芸談』）

瀧太郎が大阪に勤務したのは、大正六年から八年にかけ

て、すなわち、三十一歳から三十三歳にかけてのことである。そして十五年に刊行されたのが『大阪の宿』である。この年は、第二次三田文学復刊の年でもある。瀧太郎は、この第二次三田文学の精神的主幹として、多くの作家を世に出し、三田文学の発展に貢献した。

志は高かるべし

作家瀧太郎は、明治生命に入社するまでは、作家に専念すべきか否か——小泉の表現を借りれば——「懊悩」があった。しかし、入社してからは、作家水上瀧太郎としても会社員阿部章蔵としても、誠実な且つ多忙な二重生活を終生続けた。

その会社員**阿部章蔵としての記念碑**が、京王電鉄井の頭線高井戸駅の南側、元は明治生命高井戸運動場であった高井戸ダイヤモンド・テニスクラブの駐車場脇の植え込みにある。石碑の側面には

「阿部専務の御遺徳を顕彰し追慕し記念する為に御遺訓の一を刻んで我々は此の碑を建てる
昭和十六年四月吉日
明治生命保険株式会社
社員一同」

とある。

◉阿部章蔵記念碑（杉並区高井戸東二丁目）

阿部は、大阪から東京本店に復帰後は、昭和十年常務取締役、同十五年専務取締役となっていた。しかし、同年三月二十三日、明治生命講堂での講演の直後、脳溢血にて倒れ、同日逝去したのであった。

この日のことを小泉信三の二女の小泉妙は次のように語っている。

「電話がかかってきて、明治生命で講演中に伯父が倒れたという連絡があったのです。その時父の居場所が分からず、結局家に帰って来た時に母が玄関で伝えました。父が愕然とし、腕を一度振り上げてから力をこめて振り下ろすようにしました。何とも言えない無念さを表す仕草でした。（略）水上が亡くなって心底がっかりしたのでしょう。世の中のこと、学校のこと、そして楽しみも何もかも話し合える唯一の友だったのですから。その後父は、五十肩になってしまい、コートを着るのが無理になり、学校の方々は急に父が弱ったと心配なさいました」

（『父小泉信三を語る』）

この記念碑には、「志は高かるべし　阿部章蔵」と彫られている。これは、急逝の一カ月前に出された明治生命の『外野特報』（同年二月十日）に阿部が寄せた文の題名である。外野とは営業部門のことで、阿部は十三年から外野部門の担当となり、「外野総帥」として陣頭指揮にあたっていたのであった。

ちなみに、小泉信三が亡くなった翌年の昭和四十二年、日吉蝮谷の庭球部テニスコート脇に、**「練習ハ不可能ヲ可能ニス」と刻んだ碑**が建てられた。これは、かつて庭球部報に小泉が「故水上瀧太郎は生前その後輩に「志は高かるべし」といったが、この七字は今彼れの記念碑に刻まれて人を励ましている」と書いていたことを庭球三田会員が思い起こしたのがきっかけであったという。

銀座復興

平成二十三年の東日本大震災の後、注目された水上瀧太郎の作品がある。それが『銀座復興』で、震災の翌二十四年には岩波文庫に収められた。また、劇団新派による朗読公演が二十三年暮れに三田山上で、また翌二十四年一月に三越劇場でなされた。

『銀座復興』は、脚色久保田万太郎で、六代目尾上菊五郎により敗戦直後の昭和二十年十月に帝国劇場で初演されたものである。

これは、関東大震災によって焼け野原となった銀座に見付けた一軒のトタン小屋の飲み屋をめぐる話である。

この飲み屋とは、**「はち巻岡田」**のことである。瀧太郎はこの店を次のように紹介している。

「一番足場のいいのは銀座の「岡田」だ。……（おやじは）年中鉢巻をしていて、自らはち巻岡田と呼ぶ。……震災後、銀座一帯が砂漠だった真中に小屋を建て、すいとん時代

◉現在の「はち巻岡田」

を尻目にかけて刺身で飲ませ「復興の魁は食物にあり、滋養第一の料理は岡田にある」と大書して貼り出した人物だ。銀座から勲章をやってもいい位だ。」（「我が飲屋」）

瀧太郎は、大阪勤務から東京に戻って来た頃からこの店を贔屓にしていた。三田文学の水上の追悼号で店主はこう語っている。

「関西料理というものがはびこって、江戸前料理がすっかり下火になって、うちなんぞも心細くなったもんですから、阿部さんにご相談に伺いました。その折り、阿部さんは、それは一時的のことで、東京人の珍し物好きから来ているんだから心配するな。飽迄《あくまで》、従来通り独特の江戸前料理をやって行く方が良いと仰って、力づけて下さいました」

更に、瀧太郎は岡田に集まって応援しようという岡田会を始め、久保田万太郎、三宅正太郎ら多彩な人達が毎月集まった。

瀧太郎没後は、その後援者を小泉信三が引き継いだ。小泉は、晩年までこの店に良く通った。また、岡田会の常連でもあった。

この「はち巻岡田」は世代は変わったが、今も銀座松屋の裏にあり、岡田会も今でも毎月開催されている。現在の主人幸造氏は、小学生になる時、父に連れられて小泉邸を訪ね、キャッチボールをして貰った思い出がある。そして、今もその時のボールを大切に保管している。

水上瀧太郎は、他の作家に比べてそれほど多くの碑がある訳ではない。しかし、「大阪の宿」と「志は高かるべし」の二つの石碑は、瀧太郎の誠実な、そして多忙な二重生活の跡を偲ばせるものである。そして、義俠心に富んだ人柄を『銀座復興』のはち巻岡田に今も偲ぶことができるのである。

［山内慶太］

武藤山治

故郷

武藤《むとう》山治《さんじ》は、慶応三(一八六七)年、安八郡脇田村(現岐阜県海津市平田町蛇池)庄屋佐久間国三郎、母たねの長男として誕生し、地元の今尾小学校高等科(現海津市立今尾小学校)を卒業。『西洋事情』に感銘し、福澤諭吉に傾倒していた国三郎は、明治十三年に息子を慶應義塾幼稚舎に入学させる。慶應義塾で福澤から教えられた独立自尊、官へおもねらない近代市民の生き方などが、武藤の一生を貫く姿勢となった。明治十七年慶應義塾卒業、明治十八年渡米し、パシフィック大学で給仕をしながら、教室に通った。

武藤の故郷海津市は、揖斐川と長良川に挟まれた低地で、輪中を形成していた地帯である。**海津市生涯学習センター**(海津市平田仏師川四八三)の前庭に、東洋のロダンといわれた朝倉文夫作の高さ一六八センチもある武藤山治像が置かれている。武藤が暗殺されると、その遺徳を偲んで四万三千余の鐘紡従業員の浄財を集めて、鐘紡兵庫工場内に**武藤山治記念館**が建設された。いまわの際に洗礼を受けた武藤を偲び十字型の平面で設計され、その中央に同年に制作さ

◉海津市の武藤山治像(海津市生涯学習センター)

れた**武藤像**が設置された。兵庫工場閉鎖後、像は本社、研究所を転々とした後、倉庫に眠っていたが、二〇〇六年二月に、現在の地に設置された。

パシフィック大学は、サンフランシスコから車で約二時間余のストックトンにある。大正八年、武藤はパシフィック大学に日本の図書購入の基金を寄付した。時間が経って、留学当時の佐久間山治と武藤山治が同一人物だと判明し、平成十八年十一月大学図書館改装を機に、同館一階ロビーに「**武藤ルーム**」が設置され、胸像、書、写真などが展示されているという。

鐘紡兵庫工場

帰国後武藤姓に改姓し、日本最初の広告代理店を開業。明治二十七年三井銀行に入行。翌年、当時は三井の支配下にあった鐘淵紡績株式会社へ入社し、兵庫工場の建設に携わり、その後支配人となる。紡績工場の女工は、『女工哀史』に代表されるように、長時間労働など劣悪な労働環境に置かれていた。彼は、同業他社から疎まれながらも、従業員を家族同様に扱おうとした温情主義経営を貫いた。

「店の主人や工場主等は、店員や従業員を他人の子供を預かつて居ると思つて、家族同様にどこ迄も親身に世話をせねばならぬ。かくすれば、自然と使はれるものと使ふものとの間に一種の情愛が出来て、仕事の成績も自然と良好となり、これがために要する費用は損失とならぬのである。」（『実業読本』）

具体的な例として幼児保育舎、無料診療所、近代的な大食堂、退職者のための救済院、健康保険制度、病災救済を目的とする共済組合などを設け、従業員の福利厚生に力を注いだ。大正八年、大日本実業組合連合会委員長に就任。その後、鐘紡は武藤によって日本一の大会社へと成長した。

かつては国鉄鐘紡前駅が存在するほど隆盛を誇った鐘紡兵庫工場であったが、昭和二十年の神戸大空襲で壊滅的な罹災をし、閉鎖に至った。現在は神戸市兵庫区御崎町の**御崎公園**になっている。ここにJリーグ、ヴィッセル神戸のホームスタジアム、ノエビアスタジアム神戸がある。公園に隣接して、神戸百年記念病院がある。この病院の前身は、鐘紡病院。さらに遡れば工場従業員の診療にあたって、続いて生活困窮者に無料診療を行った明治四十年開設の鐘淵紡績兵庫工場付属診療所にたどり着く。

旧武藤山治邸

明治四十年、彼は神戸市垂水区東舞子町の舞子ビラ神戸

◉舞子公園の旧武藤山治邸

◉旧武藤山治邸の食堂

(有栖川宮別邸跡)南側の海岸に和館と洋館が並立した邸宅を建設した。彼の逝去後、鐘紡に寄贈され、「鐘紡舞子倶楽部」として社員の厚生施設に利用されていたが、平成七年、明石海峡大橋建設に伴う国道二号拡幅工事のため、移転を余儀なくされ、洋館のみ狩口台七丁目五-六に移築した。平成十九年に内部の家具・絵画・蔵書を含め、この洋館はカネボウ(株)から兵庫県に寄贈され、当初の場所より約三百メートル西側、**兵庫県立舞子公園内**に移築・復元され、平成二十二年より公開されている。

この洋館は、木造二階建て、アメリカの一般的住宅形式であるコロニアル様式で、下見板張り、天然スレート葺きの急勾配の屋根、海に張り出した円形のベランダを特徴としている。今回の移築に当たって、当時の資料を基に建設当初の姿に復し、管理棟は当初建てられていた撞球室の外観を参考に新築された。

一、二階とも同じ間取りで、派手ではないが品のある内装が施されている。一階には応接室、広間、食堂、二階に書斎、広間(主寝室)、貴賓室がある。二階広間の壁には、中央に武藤の肖像画、左右に慶應の先輩で三井時代に恩を受けた中上川彦次郎と朝吹英吉の肖像画が掛けられている。全て和田英作の筆による。

國民會館

大正十二年、政界腐敗の粛清を旗印に実業同志会を結成し、翌年同志十一名と衆議院に駒を進めた。議会では当時例のない蔵相との経済論争を展開すると共に、政界の浄化に尽力する。昭和三年普通選挙の実施に際し、国民の政治意識の向上こそ重要と、講演会、出版による政治教育を推進し、昭和七年に国民の政治教育を目的とした社団法人國民會館を設立した。

大阪市営地下鉄天満橋駅から徒歩三分、大阪城堀端の大手前交差点角に國民會館がある。昭和八年に建てられた國民會館ビルは、昭和六十三年に取り壊され、現在は平成二年に建てられた國民會館住友生命ビルの一二階に**公益社団法人國民會館**がある。ここで武藤記念講座が月一回のペースで開催され、二〇一五年三月に千回を迎えた。

一二階のエレベーターを降りた右手に「**武藤山治記念室**」があり、彼の胸像と肖像画、写真、著作、自筆原稿、彼の筆による絵と書、彼の手による陶器、愛用した硯や筆が、小ぶりの展示室に所狭しと陳列されている。印象に残った物は「獨立自尊　武藤山治」と揮毫した扇子と「昭和五年衆議院において井上蔵相に対する国民経済死活問題に関する質問演説」の写真であった。

しかし、彼の高邁な理想と現実の政界は、あまりに乖離が著しく、民衆からも思ったほどの支持が得られず、昭和七年議会解散と同時に立候補中止を表明し、政界から引退した。

◉國民會館の武藤山治記念室

逝去

同年、周囲からの要請により、恩師福澤諭吉が創設した新聞社、時事新報社の社長となり、経営不振に陥っていた同社を福澤が目指した公明正大な新聞への回帰を図って、再建に取り組む。健全な資本主義を作り上げるため、政・官・産の癒着を廃することに賭けた武藤は、帝人株のインサイダー取引を時事新報紙上に連載した。その直後の昭和九年三月九日、北鎌倉の邸宅を出たところ、テロの凶弾に倒れ、翌日、息を引き取る。犯人が、その場で死亡したため、帝人事件との関係は闇の中である。帝人事件の裁判は、その後、無罪の判決となった。

告別式は同十六日、大阪の國民會館と東京の時事新報社講堂で行われた。式終了後、遺体は鐘紡兵庫工場前を通って、彼が好んだ海が見える舞子の別宅に運ばれた。(当時、本邸は神戸市東灘区住吉にあった)

墓所は、**舞子墓園**(垂水区舞子陵一－一)にある。舞子墓園は元々、武藤家所有の土地であったが、昭和二十六年墓地にする条件で、神戸市に寄付したものである。

大阪市営地下鉄堺筋本町駅近く、**大阪産業創造館**地下一階に大阪商工会議所が運営する**「大阪企業家ミュージアム」**がある。ここでは一〇五人の大阪で活躍した企業家が一人一人解説され、ゆかりの品も展示されている。武藤も「ヒューマニズムと科学的合理性の労務管理を実践」の標題で紹介されている。

ヒューマニズムに溢れた温情主義の企業経営は、当時社会主義者からは偽善と称され、また現代では流行らない経営方針故かもしれないが、私にはまぶしく感じた。しかし、彼の真骨頂は、健全な資本主義を守るため、政・官・産の癒着を憎んだことであろう。

「政治家と結託して政府の保護救済を受けたり、又は銀行会社を造って特権を与へて貰つたり、其外種々の事業特権を受けんとして政府に運動して政党に縋《すが》る様な人々があります。此等の人が保護救済や特権を得れば之等の人々は利益を受けるが、それだけ国民は不利益を受ける場合が多いのです。」(『通俗　政治経済問答』)

武藤は、政治家として政財界の刷新・浄化に努め、言論人として政・官・産の癒着の社会悪を告発し、企業家として政・官に一切頼らなかった独立自尊の実業家であった。

[加藤三明]

小林一三

私鉄・多角経営のパイオニア

明治六年一月三日、小林一三は山梨県の韮崎にて生まれる。生まれた日が一月三日であったので、一三《いちぞう》と名付けられた。しかし、生後八カ月で母が病死、養子であった父は離縁となって実家に戻ってしまい、一三は本家の大叔父（祖父の弟）の元に引き取られた。本家は、「布屋」と称した韮崎一の商家であった。一三は、明治二十一年二月、慶應義塾に入学するまで本家の屋敷で起居していた。

旧甲州街道に面していたこの屋敷は、昭和四十四年に宝塚ファミリーランドに移築、保存されていたが、平成七年の阪神淡路大震災により大きな被害を受け、解体されてしまった。現在は、後述する小林一三記念館に生家として模型が展示され、間取りも掲示されている。この屋敷があった所は、現在**「にらさき文化村」**（韮崎市本町一－一〇－二）という公民館になっており、**「小林一三翁生家跡」の碑**が立っている。

●小林一三胸像（宝塚大劇場）

有馬箕面電気軌道

明治二十五年十二月、慶應義塾を卒業し、三井銀行に入社するが、小説家への未練もあり、芳しい成果を上げられなかった。明治四十年、三十四歳の時、三井銀行を退社、大阪梅田〜箕面・宝塚間、宝塚〜西宮間の鉄道敷設を計画していた箕面有馬電気軌道株式会社創立の追加発起人となり、さらに専務取締役に就任すると、会社設立が失敗した場合は、損失を全部自分で引き受けることを条件に、会社の全権を与えてもらった。

明治四十一年『最も有望なる電車』と題する日本初のＰＲ誌を発行するなどして、資金調達難を乗り越え、明治四十三年三月十日、宝塚線二十四・九キロ、箕面支線四キロの開通を迎える。田畑・山林を中の走る田舎電車はやがて潰れるだろうとか、阪神電鉄に吸収合併されるだろうという風評の中、一三は当時としては画期的な、以後私鉄経営のモデルとなった沿線開発とその経営で、当鉄道を発展させていく。

◉現在の室町

まずは、一三自身が、ひそかに池田から大阪までの計画路線を二度まで歩いて考えついたという住宅地の分譲である。四十三年六月、池田室町の住宅を、住宅では初の月賦で販売する。一区画百坪で建坪二、三十坪の家、二百軒をたちまち売り尽くし、続いて桜井(明治四十四年)、豊中(大正三年)と住宅地販売を進めていった。

阪急宝塚線池田駅西側に、道路が縦横に整然と引かれた区画があるが、ここが室町である。今も豪奢な家や、料亭と見間違うような古い日本家屋が見受けられる。室町七ー十三には、室町会館という自治会館があり、「清く明るく仲むつまじく」と記された**「池田室町住民憲章の碑」**が建てられており、住民の誇りが感じられる。

宝塚歌劇

明治四十三年に箕面動物園を開園(大正五年閉園)、翌四十四年、日本初の社債を発行して資金を集め、屋内プールを有した宝塚新温泉という娯楽施設を開設、ここで婦人・婚礼・家庭博覧会などを催し、人を呼び込んだ。しかし、屋内プールは、男女混合の遊泳は風紀上好ましくないという指導から閉鎖し、そこをステージに作り替え、同年、少女による宝塚唱歌隊が組織される。これが大正三年に上演を開始する宝塚歌劇団に発展し、現在の隆盛は周知の通りである。二〇一三年に百周年を迎えた。

宝塚駅から徒歩六分、宝塚歌劇専用の**宝塚大劇場**がある。一九九三年にオープンした現在の劇場は、スペイン瓦の南欧風の建物で、二千五百五十席を有している。この劇場前「花のみち」と二階ロビーに、**一三の胸像**がある。

中等学校野球・プロ野球

一三は、慶應義塾在学中、早慶戦に魅せられ、野球への情熱は人一倍に強かった。大正二年に、当時日本で最大規模の野球場、**豊中運動場**を完成させ、大正四年、大阪朝日新聞社主催で全国中等学校優勝野球大会を開催し、延べ一万人の観客を集めた。しかし、ライバルの阪神電鉄は、観客五千人収容の鳴尾野球場を建設し、輸送力も阪神電車の方がはるかに大きいことをアピールし、大正六年の第三回大会から阪神電鉄が主導するようになり、現在甲子園球場で行われている全国高等学校野球選手権大会に発展するのである。

◉高校野球メモリアルパーク

現在豊中球場跡地の一角は「高校野球メモリアルパーク」(豊中市玉井町三-六)となっており、**「高校野球発祥の地」「豊中グラウンド跡」と題字されたレンガ壁の記念碑**がある。この記念碑は、昭和六十三年、第七十回大会を記念して建てられたもので、「高校野球発祥の地」の題字は、当時の日本高等学校野球連盟会長・牧野直隆(昭和九年慶應義塾大学経済学部卒)によるものである。なお、豊中グラウンドにおける最後の大会になった第二回大会は、十二校が参加し慶應義塾普通部が優勝している（＊平成二十九年四月「高校野球メモリアルパーク」は、面積を四倍にして**「高校野球発祥の地記念公園」**としてリニューアルオープンした）。

一三の野球への情熱は、大正十三年、職業野球団「宝塚運動協会」を発足させる。同協会は、昭和四年に解散するが、阪神電鉄が「大阪タイガース」を立ち上げたことに対抗して、昭和十一年、後の阪急ブレーブス「大阪阪急野球協会」を設立する。一三は「私が死んでもタカラヅカとブレーブスは売るな」と言い残したといわれているが、昭和六十三年オリックスに売却された。

梅田ターミナルビル

大正七年、社名を阪神急行電鉄株式会社と変更、大正九年に神戸本線三〇・三キロ、伊丹支線二・九キロを開通営業させた。この時、一三は「綺麗で、早うて、ガラアキで、眺めの素的によい涼しい電車」というキャッチフレーズをつくった。

同年、梅田に阪急ビルディングを竣工、二階に食堂を開店し、カレーライスが大人気となった。これが駅ビルの始まりであり、大正十四年に直営マーケットを開業し、昭和四年の阪急百貨店開業に続くのである。二〇一二年十一月、四十一階建てのオフィスタワーを含めた**梅田阪急ビル**が全面竣工し、地下二階から十三階までを使用するデパート、阪急うめだ本店がグランドオープンした。

大正十五年には、**宝塚ホテル**を開業。現在も創設当時の洋館風の建物で営業、宝塚大劇場オフィシャルホテルとなっている。以後、ホテル事業を拡大し、今や阪急阪神第一ホテルグループとして全国に五十ものホテルを所有している。一三が夏に避暑のため、四、五十日逗留していた六甲山ホテル（旧館）も、昭和四年の建設であるが、今も営業を行っている。

雅俗山荘

一三は、明治四十二年より池田の五月山山麓に住み始め、昭和十二年に、チューダー様式風の自宅**「雅俗山荘」**（池田市建石町七－一七）を竣工させた。雅俗山荘は、一三が蒐集した美術工芸品の所蔵、展示、研究をも目的とし、芸術の「雅」と生活の「俗」とが一体となる場所として名付けられた（口絵参照）。

一三は、逸翁という号をもって茶道を嗜んだため、庭には自由な茶道を実践する場所として椅子席を付加した「即《そく》庵《あん》」、それとは対照的な伝統的茶室である「費隠《ひいん》」を設けた。なお、一三の死後、昭和三十九年に移築した「人我亭《にんがてい》」という茶室もあり、扁額は、長年の友人であり、茶友であった松永安左エ門による。

　雅俗山荘は、一三没後、彼の蒐集した美術工芸品を展示する逸翁美術館となっていたが、平成二十一年十月、雅俗山荘から徒歩三分、池田市栄本町十二－二十七に新築の**逸翁美術館**がオープンし、平成二十二年四月から**「小林一三記念館」**となっている。雅俗山荘は、内部が公開され、クラシカルな雰囲気のフランス料理レストランも設けられており、付属の展示施設白梅館では、一三の事績を紹介している。

　現在の逸翁美術館の隣には、演劇、宝塚歌劇、阪急電鉄関連の資料を所蔵している図書館、**池田文庫**がある。

　東京電燈社長就任、昭和肥料（現昭和電工）設立、東京宝塚劇場・東宝映画創立、日本軽金属設立、商工大臣就任、国務大臣・戦後復興院総裁就任、コマ劇場設立など、多くの事業、役職に関わった一三であるが、昭和三十二年一月二十五日、自宅で急逝、八十四歳であった。墓所は池田市五月山の**大広寺**（池田市綾羽二－五－十六）にある。

　一三は田舎電車、みみず電車と揶揄された阪急電鉄を、沿線開発という斬新なアイディアをもって発展させたばかりでなく、阪急グループの総帥として「今様太閤」と称されるまでになった。しかし、『楳梅亭由来記』に「私は、私を育てられたおばァさんに対してもその御恩は忘れられないけれど、私を生みっぱなしで死んだ亡きお母さんぐらいこの世の中に恋しい慕わしい人はいないのである。その理由だとか、因縁だとか、そんなことはわからないのである」と記したように、心の中はいつも寂しかったのかもしれない。

　阪急は、一三の時代から先行する阪神電鉄を、大阪～神戸間の到達時間に始まり、常にライバル視していたが、平成十八年、阪急が阪神電鉄を子会社化する形で「阪急阪神ホールディングス」が設立された。これも歴史の不思議さを感じさせる。

［加藤三明］

憲政の神様

犬養毅と尾崎行雄

犬養毅（木堂）

木堂《ぼくどう》は、安政二（一八五五）年備中国庭瀬村字川入（現岡山市北区川入一〇二の二）で代々大庄屋や郡奉行を務めていた犬養家に生まれる。

現在この地には、昭和五十一年に犬養家から岡山県に寄贈され、解体復元修理が行われた犬養の生家があり、用水路を隔てた隣地に平成五年十月に開館した**犬養木堂記念館**がある。木堂記念館には、彼の遺墨、手紙、遺品、写真等が展示され、「新内閣の責務」という彼の演説を聞けるコーナーもある。生家裏には犬飼家代々の墓があり、分骨された**「犬養毅之墓」**もある（「犬飼」であったものを明治五年頃から「犬養」にした）。

木堂記念館から庭瀬駅に行く途中にある**岡山市吉備公民館**入口には、犬養の銅像とハス博士大賀一郎書の**「話せばわかるの碑」**があり、ロビーには木堂書の極めて大きな**「忠孝節義」**の額などがある。犬養家の先祖犬飼健命《たけるのみこと》は、吉《き》

●犬養毅生家

備津彦命《びつのひこのみこと》の随神であったという伝えから、**吉備津神社**（吉備線吉備津駅下車）の神池の畔に**犬養の銅像**（昭和九年、朝倉文夫作）が立ち（口絵参照）、「官幣中社吉備津神社」と記された社号標も彼の揮毫による。この地方には、吉備津彦命を桃太郎に、犬飼を桃太郎に仕えた犬に例える伝説もある。

　明治九年から慶應義塾に入学。在学中、郵便報知新聞の記者として、西南戦争の前線から記事を書き、名を挙げたが、福澤諭吉に「命知らずの大馬鹿者」と怒鳴られた。首席になれない悔しさから卒業目前の明治十三年に退学した。明治二十三年、帝国議会開設に伴う第一回衆議院選挙に岡山三区から立候補し当選。以来、昭和七年に五・一五事件で暗殺されるまで、連続十九回当選し、政党政治の確立に尽力した。連続十九回当選は、咢堂《がくどう》（尾崎行雄）に次ぐ記録である。

　その間、明治三十一年大隈内閣の下で尾崎の後を受けて文部大臣に就任、以後、文部、逓信大臣などを歴任。大正十四年、衆議院選挙において二十五歳以上の全ての男子に選挙権を認めた普通選挙法が公布されると、自分の役目は終わったと政界を引退表明し、南に富士を東に八ヶ岳を望む長野県の富士見高原に新築した**「白林荘」**に隠棲を志す（白林荘は現在、個人の所有であり、見学は富士見町役場に要確認。富士見駅から徒歩十五分（九四ページ参照））。

　しかし、選挙民は引退を許さず、立候補の手続きをして、当選させてしまう。昭和六年十二月に推されて第二十九代総理大臣となり、前年に勃発した満州事変など軍部の独走に歯止めをかけようとするが、慶應義塾創立七十五年記念式典出席の六日後、昭和七年五月十五日「まあ待て、話を聞こう」という言葉もむなしく、昭和四年に竣工した永田町首相官邸で海軍青年将校の凶弾に倒れる。七十七歳であった。

　大正十年秋からの木堂の邸宅は、四谷区南町八八（現新宿区南元町六の二）にあった。信濃町駅隣、現在**女子学生会館明泉**の所で慶應病院の直ぐ近くである。墓所は、**青山霊園**1種ロ8号にある。「墓石は質素なものとし、犬養毅とのみ書きて位階勲等を記さぬこと」という遺言に従って、「犬養毅之墓」と刻まれた墓石であるのも、師福澤諭吉に通ずるところがある。

尾崎行雄（咢堂）

　咢堂は、木堂から遅れること三年、安政五年、相模国津久井郡又野村（現神奈川県相模原市津久井町又野六九二）で代々名主を務めていた尾崎家に生まれる。

　現在この地には、**相模原市立尾崎咢堂記念館**がある。館内資料室には「為公正《こうせいをなす》」、「義是重《ぎはこれおもし》」などの書、遺品などが展示されている。屋外には、咢堂が東京市長在職中の明治四十五年、米国ワシントンのポトマック公園に三千本の桜の苗木を送り、昭和四十五年ワシントンから足立区に里帰りした桜の苗木の一本が「咢堂桜」として植えられている。また、大正四年、米国大統領タフトから桜の返礼としてハナミズキが送られたが、都立園芸高校にある原木より育てられたハナミズキも植えられている。昭和二十五年建立の「ヲザキユキヲウマレチ」と自ら揮毫した碑があるが、この碑の完成に訪れたのが、最後の生誕地訪問になった。

　明治元年、母に伴われて上京し、満十歳で生誕地を離れる。明治五年には、父の転勤に伴い、度会《わたらい》県（現三重県南部）の山田（伊勢市）に移住、ここで伊勢神宮外宮に隣接する宮崎語学校に通う。宮崎語学校の前身は、豊宮崎文庫で伊勢神宮所有の書籍の保管、和学・漢学の講義を行っていたところで、門と土塀が往時の様子を残している。

　明治七年、再び上京、慶應義塾に入学する。後年、自ら後悔しているように福澤諭吉に反抗して、明治九年、慶應義塾を退学。しかし、明治十二年、咢堂のことを気にかけていた福澤の推薦により、新潟新聞主筆となる。

　明治二十三年、第一回衆議院選挙に三重五区から立候補し当選、福澤を訪ねる。いつも小言ばかり言っている福澤も、今度は少しくらい誉めてくれるだろうと思っていると、福澤は「おめでとう」とも何とも言わず、傍らの筆を執って次のような詩を書いた（原文は漢詩）。

◉尾崎咢堂記念館（伊勢）

道楽の発端有志と称す
馬鹿の骨頂議員となる
祖先伝来の田を売り尽くして
かち得たり一年八百円

しかし以後、満九十四歳まで連続二十五回当選、六十三年間在職は、これに次ぐ者がいない。藩閥・軍閥政治、軍備拡大、治安維持法に対して一貫して反対の立場を貫いた。

咢堂の父行正は、明治十一年に熊本にて官吏を引退すると、かつての赴任地、現伊勢市川端町九十七の二に居を構えた。そのような経緯から尾崎は三重から立候補することになった。現在、宮川に面する尾崎家があった地には、明治時代の洋館を意匠した**尾崎咢堂記念館**が建ち、絶筆の「不恨天《てんをうらまず》　不咎人《ひとをとがめず》」などの書、遺品、写真などを展示している。尾崎咢堂記念館は、昭和三十四年に旧尾崎邸に陳列室を設けて開館したものだが、平成十五年に現在の建物を建設し、装い新たに開館した。

◉尾崎咢堂像（憲政記念館）

先妻と死別した咢堂は、明治三十八年、日本人の父とイギリス人の母との間に生まれ、同三十二年から三十五年まで幼稚舎で英語の教師を務めていた尾崎テオドラ英子と結婚する。そして、麻布に洋館の新居を設けたが、その建物が、昭和八年に世田谷区豪徳寺二の三十の十六に移築され、人知れず現存している。

逗子の**披露山公園駐車場**に、**尾崎行雄記念碑**がある。朝倉文夫による肖像レリーフがあり、咢堂の書「人生の本舞台は常に将来に在り　九十四翁」が刻まれている。そこから真下の細い旧道を右へ右へと下っていくと、「新宿5丁目1」の住居表示板に突き当たるが、その向かいの石垣に「OZAKI 風雲閣」という石版の表札がはめ込まれている。ここに昭和二年から尾崎の住居であった**風雲閣**があった。

昭和二十八年、第二十六回衆議院選挙に落選するが、衆議院名誉議員に推薦され、翌年、満九十六歳で永眠。墓所は、北鎌倉円覚寺境内奥の**黄梅院**にある。岩壁に穴の掘った、いわゆる矢倉の中に墓石があるが、墓所は檀家以外立ち入り禁止と書いてあった。

国会議事堂前に憲政記念館がある。昭和三十五年、憲政の功労者である尾崎を顕彰して、尾崎記念館が建設されたが、昭和四十五年にこれを吸収して**憲政記念館**となった。入口前には、**咢堂の銅像や記念碑**があり、館内には尾崎メモリアルホールがあり、尾崎の生涯に関する説明、遺品、書などを見ることができる。また、咢堂の「普選について」の演説も聞ける。

憲政二柱の神

両人とも慶應に入学し、咢堂はハイカラな協議社という学生団体に所属、木堂はバンカラな猶興社にいてライバル関係にあったが、二人とも福澤諭吉に楯を突いて中退し、明治十四年の政変前、国会開設準備のための統計院権少書記官に就任。そして、第一回衆議院選挙に当選。最初に就任した大臣が文部大臣で、それも尾崎、犬養と続く。政界引退を宣言するが、地元の支持者が立候補の手続きをして、当選する。このようにお互い共通項があまりに多い。ある時は意見を異にし、訣別する時期もあるが、ファシズムに反対し、議会制民主主義の確立に力を尽くした点では、生涯の盟友といえるだろう。大正元年十二月十九日、後に第一次護憲運動と呼ばれる国民憲政擁護大会では、まず尾崎が演説をし、続いて犬養が登壇し聴衆に訴えた。大正デモクラシーの幕開けである。このときに両名が「憲政の神様」と称されるようになった。

◉岡山憲政擁護大演説会（大正２年）での尾崎行雄（左）と犬養毅（右）
（犬養木堂記念館蔵）

尾崎はアメリカ滞在中、犬養暗殺の報を聞き、

我友の殺されたるを夢として
聞かんと祈り真かと思ふ

と詠み、帰国後、犬養の墓前で、

我も亦やがて入らんと思ふにぞ
先立つ君の奥津城《おくつき》(墓)を訪《と》ふ

と詠んでいる。

[加藤三明]

電力の鬼・松永安左エ門（上）

松永安左エ門は、明治八年十二月一日、長崎県壱岐の印通寺で造り酒屋や回船問屋を営む商家の長男（幼名・亀之助）として生まれる。『学問のすゝめ』に感激し、明治二十二年上京、慶應義塾に入学。明治二十六年父の死により帰郷し、家督を相続し三代目安左エ門を襲名。明治二十八年、家業を弟・英太郎にゆだね、義塾に復学した。福澤諭吉の朝の散歩にお供をするようになり、福澤の謦咳《けいがい》に接すると共に、事業の先輩・生涯の盟友福澤桃介の知遇を得る。卒業まであと一年という明治三十一年、学問に興味が湧かなくなったことを福澤に告白すると、「卒業など大した意義はない。そんな気持ちなら社会に出て働くがよかろう」と勧められて退学する。福澤の記念帳に「わが人生は闘争なり」と記す。

三井呉服店や日銀、桃介の丸三商会に勤めたり、桃介と共に福松商会を創立したり、いろいろな事業に関わるが、明治四十二年福博電気軌道の設立に関わり、「電力王」「電力の鬼」と呼ばれる安左エ門が、電力事業に携わる第一歩となった。そして、いくつかの電力会社を合併し、九州電燈鉄道となり、さらに大正十一年関西電気と合併して、東邦電力を設立し副社長に、昭和三年には社長に就任し、一都

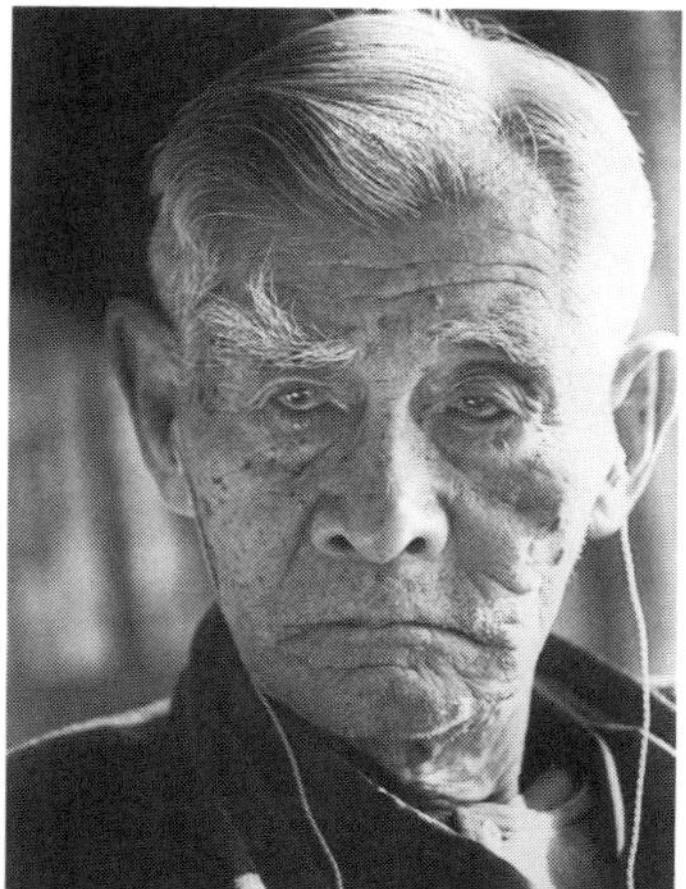

◉松永安左エ門（撮影　杉山吉良）

十一県に電力を供給するまでになった。

　戦時体制となり昭和十二年「電力国家管理案」が発表されると、一貫して戦争、そして電力の国家管理、国営に反対していた安左エ門であったが、昭和十四年国家総動員法を楯にして、強制的に電力の国家管理が始まった。昭和十七年には東邦電力も解散させられ、民営化の時代が終わると、安左エ門は、一切の事業から手を引き、後述の柳瀬山荘にて隠棲生活を送る。

　しかし、戦後の電力問題のため、昭和二十四年、満七十四歳にもかかわらず電力事業再編成審議会会長に推されると、国家管理によって失敗した日本の電力事業の再生に乗り出し、国家の手にあった電力を多くの反対を押し切って、民営の九つの電力会社に再編した。しかも、世論の反対を押し切って、電気料金の値上げを強行、結果としては安定した電力供給を成し遂げた。その強行的姿勢から「電力の鬼」の異名を得たが、この一連の姿勢にまさに「電力の鬼」の真骨頂があった。

壱岐松永記念館

　玄界灘に浮かぶ壱岐の島。行政区は長崎県に属するが、長崎空港から日に二便、三十六席の小型プロペラ旅客機が飛ぶだけで、アクセスとしては福岡県の博多または佐賀県の唐津からのフェリーが便利である。

　唐津からのフェリーが着く石田町印通寺浦の**安左エ門の生家跡**に**「壱岐松永記念館」**がある。この記念館は、昭和四十六年、安左エ門逝去十日後の六月二十六日に開館した。敷地に入ると、右手に生家の一部が保存されている。外見は何の変哲もない日本家屋だが、内部に入ると太い梁《はり》が巡らされている重厚な建築であった。正面には、福博電気軌道から発展した西鉄の路面電車が置かれ、その左に「長崎平和祈念像」の作者北村西望の手による安左エ門と一子夫人の胸像がある。記念館には、彼の遺品、書などが展示さ

◉松永安左エ門胸像（壱岐松永記念館）

れている。

おとめ山公園（目白の自宅）

大正十一年東邦電力が設立され、本社が東京に置かれると、下落合に社宅用地六千五百坪を買収し、**林泉園**と称するこの地に安左エ門は住むようになる。現在、徒歩で目白駅から十分、高田馬場駅から七分、下落合二丁目十番の**新宿区立おとめ山公園**がその場所である。落合崖線に残された斜面緑地で、ここの湧水は東京湧水五十七選に選定されている。元は将軍の鷹狩りの場で、立ち入りが禁止されていたため御留《おとめ》山と呼ばれ、明治時代になると近衛家と相馬家が所有していた。公園西側が相馬家の所有していた所で、ここに林泉園を造園した。

関東大震災の翌日、大正十二年九月二日、ここ林泉園自宅内に応急事務所を設置し、罹災職員の救護・通信連絡が行われたという。

柳瀬山荘

若い頃、三井物産を率い鈍翁と称する益田孝から、茶碗が判るようになれば一人前の実業家だと言われたことが癪にさわって、茶を嗜《たしな》むようになったというが、昭和九年数え六十歳の時、論語の「五十にして天命を知り、六十にして耳に順《したが》う」から耳庵と号して、本格的に茶を嗜むようになり、近代小田原三茶人の一人にも数えられている。

埼玉県所沢市坂の下四三七（当時は入間郡柳瀬村）にある**柳瀬山荘**は、昭和四年から造営を始めた、敷地が五千坪もある別荘であり、事業から手を引いた安左エ門は、昭和十五年からここに閑居し、昭和二十一年小田原に転居するまで茶事三昧の生活を送った。昭和二十三年、柳瀬山荘と蒐集した美術工芸品を東京国立博物館に寄贈し、現在、国立博物館所有の施設・柳瀬荘として毎週木曜のみ公開されている。

藤原銀次郎は、柳瀬山荘を次のように評している。

「都門より八里、一山を領有して、要所々々に古塔を建て、伽藍石を捨て、而かも決して無用の駄石を置くを許さない。春は山桜あり、夏は新緑あり、秋の月見、雪の眺め、四時の風情は四隣里余に亘る眺望、借景の寄与する処に依って一入の感心を催さしめるので、耳庵老主の柳瀬山を占居せる清福を羨まざるを得ない。」

関越自動車道所沢ＩＣを出て、トラックがひっきりなしに走る国道二五三号を浦和方面へ六百メートル程行くと

「坂之下」の信号があるが、この左側に長屋門と駐車場が見える。ここが柳瀬山荘の入口である。土と石の坂道を登っていくと、下の喧騒とは全くの別世界。裏には畑が広がった静寂とした空間があり、横も高さもある極めて大きな民家が目に入る。母屋の重要文化財**「黄林閣」**で、天保十五(一八四四)年に建てられた東久留米市柳窪の大庄屋宅を、昭和五年にここに移築したものである。黄林閣から渡り廊下で繋がっている**「斜月亭」**は、数寄屋風書院造で昭和十三年から十四年にかけて建てられたもので、東大寺や当麻寺などの古材を用いて造られたという。さらにその先に二畳台目の茶室と四畳ほどの水屋しかないかわいらしい**「久木庵」**がある。この茶室は、友人山本条太郎が江戸初期の建物で越後の武士・土岐二三の茶室を解体して所有していたところ、山本が逝去し、葬儀後間もなく遺族に購入の意思を伝え、遺族から反感を買いながらも手に入れたものである。昭和十三年から十四年にかけて、ここに建てられた。この茶室は、条太郎の「条」の字を捩《もじ》って「久木庵」と名付けられた。

◉黄林閣（柳瀬山荘）

管理人さんにお話を伺うと、柳瀬山荘にお住まいとのこと。寒さなど不自由な面もあるだろうが、今どきこのような所に住むことは夢のようなことでもあろう。

柳瀬山荘の中に、**「春草廬《しゅんそうろ》」**という茶室があった。元禄の頃、河村瑞賢が淀川改修工事の際に休息所として建て、その後大阪へ、さらに原富太郎(三渓)の所有となって横浜の三渓園にあったが、昭和十二年に柳瀬山荘に移築された。昭和三十四年には上野の東京国立博物館の庭園に移築され、茶室貸し切り利用か、春と秋の庭園公開の時のみ目にすることができる。

平林寺

柳瀬山荘から南に約四キロ、新座市役所の前に「智恵伊豆」こと松平伊豆守信綱はじめ川越歴代藩主の墓所を有する名刹**平林寺**がある。安左エ門は、平林寺をことのほか好み、和尚を茶席に招いたり、柳瀬山荘から度々足を運んだりしている。ということで安左エ門はここを墓所とした。本堂左手、散策コースを進むと「島原の乱供養塔」があるが、その裏に二つの低い墓石がある。左の墓石には「耳庵居士松永安左エ門」と、右は安左エ門より十三年も早く先だった夫人の墓で、「貞淑慈愛　松永一子」と安左エ門の筆で刻まれている。

◉松永安左エ門夫妻の墓（平林寺）

平林寺総門前、道路を挟んで**「新座市睡足軒の森」**という市民に開放された場所がある。ここは安左エ門が購入し、昭和十三年に原富太郎の世話で飛騨高山の田舎屋を移築し、**「睡足軒」**と名付け、囲炉裏を囲んで、田舎の茶を楽しんでいた所である。没後間もない昭和四十七年、土地も建物も平林寺に譲渡し、平成十四年からは新座市に無償貸与され、茶道、華道、俳句、短歌などの会に貸し出されている。

［加藤三明］

◉睡足軒

電力の鬼・松永安左エ門（下）

慶應義塾志木高等学校（志木高）

昭和十二年、東邦電力創立五十周年を記念して博多に科学技術研究機関の**東邦産業研究所**を設立、さらに昭和十五年、当研究所東京試験所を志木駅前に開設した。この土地選定には、懇意にしていた東武鉄道・根津嘉一郎の示唆があったと言われる。戦後、当研究所が解体されるに及んで、昭和二十二年九月、当研究所の理事長であった安左エ門が、志木の土地四万五千坪、建物延べ三千坪を慶應義塾に寄付した。

しかし、当時は未だ以前の東邦産業研究所及びその付属施設があって、従業員の中には雇用の問題から義塾への移管に反対する者もあり、また軍の要請を背景に半ば強制的に買い上げられた元の地主たちは、「土地を慶應に寄付するなら自分たちに返せ」とばかりあちらこちらに移管反対のプラカードやムシロ旗を立てた。学校の実習農地になることや、かつての従業員は、希望があれば義塾が雇用することで、反対運動は収束した。

●松永安左エ門胸像（慶應義塾志木高）

昭和二十二年十二月には川崎蟹ヶ谷から慶應義塾獣医畜

産専門学校が移転（翌々年三月廃止）、昭和二十三年四月、普通農業教育を行う慶應義塾農業高等学校が開設され、さらに当校は昭和三十二年四月、高等普通教育を行うこととして、**慶應義塾志木高等学校**と称するようになった。

門を入ると、左手に**安左エ門の胸像**があり、胸像背面に「財団法人東邦産業研究所　昭和十九年一月四日」と刻まれている。校長室には、安左エ門が東京試験所落成式の日に自筆で記した「産業研究所之記」の額が飾られている。また、志木高創立三十周年を記念して、昭和五十三年元東邦電力関係者からこれまでの経緯を記した金属の説明板が贈られ、中央棟に掲示されている。そして下村裕 元志木高校長は、入学式で必ず安左エ門の話をしていたなど、安左エ門の心が今も志木高で伝え続けられている。

◉志木高航空写真

市の道路建設によって、今志木ファイブハイツがある西側の区画と、かつて寄宿舎があった北側の区画が飛び地になってしまい、売却したにもかかわらず、今も三万七千坪という広大な敷地を有している。校内には鬱蒼とした雑木林が広がり、かるがもが営巣し、野火止用水跡が横断し、武蔵野の風情を十二分に残している。

志木高の地は、**柳瀬山荘**からも、**平林寺**からも約四キロの距離にあり、この三カ所を結ぶと一辺約四キロの三角形となり、安左エ門にとって徒歩圏内であった。

小田原松永記念館

昭和二十一年十一月から安左エ門が住んでいた所は、箱根登山鉄道箱根板橋駅から徒歩十分に位置し、現在**小田原市郷土文化館分館「松永記念館」**がある。記念館本館は、安左エ門が戦後蒐集した古美術品を公開して広く愛好者に親しんでもらおうと、昭和三十四年に建てられたものである。昭和五十四年に敷地と建物が小田原市に寄付され、翌年か

◉老欅荘

ら開館したが、多くの美術品は福岡市美術館、京都国立博物館に寄贈された。圧巻は平成十三年から公開されている晩年を過ごしていた**「老欅荘《ろうきょそう》」**である。四畳半台目の茶室や三畳大の床の間を設けた広間、母屋に取りつく三畳の寄付《よりつき》など近代数寄屋建築の粋を感じることができ、著名な文化人、政治家、実業家などを招いて、多くの茶会が催された。三畳大の床の間について「これは私が死んだら屍体を置くために、私の寸法に合わせて作らせました。一子《かずこ》にも頼んでおきますが、私が死んだらここへ横に寝かせてその前に水を備え、青磁の大香炉をおくだけで、その他のものは何もおかないで、そして老師に短いお経を読んでもらえば結構ですからよろしく頼みます。」と語ったと、平林僧堂師家・白水敬山《しろうずけいざん》が書き残している（ここに遺体が安置されることはなかった）。

白雲洞茶苑

箱根板橋駅から箱根登山鉄道で約一時間、強羅駅から徒

◉白雲洞

歩五分、**強羅公園内に白雲洞茶苑**という茶室が三棟ある一角がある。事の始めは強羅を開発した益田孝（鈍翁）が、寄《より》付《つき》として「白雲洞」を、本席として「不染庵」を建て、大正十一年原富太郎（三渓）の所有となり、さらに「対字斎」が建てられた。昭和十五年安左エ門（耳庵）がこれらの茶室を手に入れ、**「白雲洞の主人となるの記」**（写真）を記し、今も白雲洞内に掲げられている。鈍翁、三渓、耳庵と近代の三大茶人に継承されてきたものだが、安左エ門没後、荒廃し、箱根登山鉄道に移譲、昭和五十七年に旧観に復し、現在公開されている。対字斎は、席の正面に大文字焼きの「大」の字を見ることができる明星ヶ岳を望み、絶景である。対字斎の名もここに由来するという。

◉「白雲洞の主人となるの記」（白雲洞）

　この他にも安左エ門は、熱海に小雨荘を、伊豆堂ヶ島に一日庵という茶室を有した別荘を所有していた。

　写真家杉山吉良も松永に魅せられた一人で、写真嫌いであった松永の晩年を撮り続け、昭和四十二年「松永安左エ門」写真展を開催し、『写真集　松永安左エ門』をも出版した。杉山が撮影した満九十二歳頃の安左エ門のポートレートがある（一五六ページ）。彼の面構えは、好々爺というものでなく、鋭い眼光、真一文字に結んだ口、年輪のような皺から溢れ出る気概を感じ、その迫力に圧倒される。

　杉山の松永に対する追悼文「伊豆堂ヶ島」には、九十四歳の松永がいきなりサルマタ一つになり、泳ぎ出したと記されているほどの壮健ぶりであったが、昭和四十六年六月十六日、アスペルギルス症（真菌による感染症）に侵され、慶應病院において満九十五歳で逝去する。

　逝去する十年前に書いたという遺言状が、壱岐松永記念館に展示されているが、これが最高に痛快である。

遺　言　状

一つ、死後の計らいの事

何度も申し置く通り、死後一切の葬儀・法要はうずくの出るほど嫌いに是あり。墓碑一切、法要一切が不要。線香類も嫌い。

死んで勲章位階（もとより誰もくれまいが友人の政治家が勘違いで尽力する不心得、かたく禁物）これはヘドが出る程嫌いに候。

財産はセガレおよび遺族に一切くれてはいかぬ。彼らがダラクするだけです。（衣類などカタミは親類と懇意の人に分けるべし、ステッキ類もしかり）

小田原の邸宅、家、美術品、及び必要什器は一切記念館に寄付する。これは何度も言った。

つまらぬものは僕と懇意の者や小田原従業者らに分かち与うべし。

借金はないはずだ。戒名も要らぬ。

以上、昭和三十六年　十二月八日

軍部に追従する官僚を「官吏は人間のクズだ」と言い放ったほどの官僚嫌い、権力嫌い、そして勲章嫌い。その彼が、国家の圧力を受けないように、電力会社に自主性を担保しようと考え出したのが九電力体制（現在は沖縄電力を加えて十電力体制）である。しかも、戦時中、民営の配電会社があったものの、発送電は国家に握られて、全ては国家管理になった苦い経験から、九ブロックに分けた電力会社に発送電、配電全てを握らせた。

しかし、二〇一一年三月の原発事故以後、十電力体制による独占の問題、発送電分離の問題などこの体制の見直しが議論されている。

大正十二年には、水力の関東と火力の関西で電力を融通しあう送電連係も計画していた。さらに松永は著書『可笑しけりゃ笑え』で、イギリスのコールダー・ホール原子力発電所の火災事故について触れている。事故は技術とか放射能の問題ではない。専門的な知識を知らない軍人や役人が天下ってきたことによる人災であるという主旨の事故報告書序論を引用し、最後は自分の言葉で次のように結んでいる。

「この最近の調査団報告の劈頭第一に書いてあることが、いかに日本の産業大会社や政府の公共企業体等に行われている位本位、鰻上り、立身出世主義、権力による実力などが日本全体を毒しているか、三毒追放位の小毒ではないことを銘記してほしい。」

安左エ門は、天国で今の日本の様子をどう見ているであろうか。「民」の独立・伸長のために「官」と闘い続けた松永の生き様は、師福澤諭吉の生き様そのものであった。

［加藤三明］

北里柴三郎

故郷・熊本を訪ねて

北里柴三郎は、嘉永五年十二月二十日（一八五三年一月二十九日）に肥後国阿蘇郡小国《おぐに》郷北里村（現熊本県阿蘇郡小国町大字北里）の代々総庄屋をつとめた北里氏の分家に、父北里惟信《これのぶ》の長男として生まれた。母は豊後森久留島藩士加藤海助の娘、貞《てい》であった。本項では、柴三郎の故郷熊本の史跡を巡ってみる。

生家・貴賓館・北里柴三郎記念館

小国町は、熊本県の最北部に位置し、東西北部を大分県と隣接し、総面積の八割近くを山林が占める農山村地域である。「小国杉」と呼ばれる杉の人工林による林業と、天然温泉施設による観光が産業の中心である。北里家の先祖がこの地に移り住んだのは平安時代半ばのことで、それから数えて十二代目の綿貫妙義が、この地名にちなみ姓を北里と改め、その後代々総庄屋をつとめた。元々集落内にあった生家は、明和元（一七六四）年総庄屋五代目北里兵衛家か

◉柴三郎生家

ら分家して坂下屋敷と称していたが、明治二十八(一八九五)年、柴三郎が両親を東京に呼んだため空き家となり、座敷の二間を残して他は取り壊されていた。昭和四十年、河川改修のため、現在の地に移築された。

柴三郎は、大正五(一九一六)年八月に故郷である北里の地に、柴三郎が帰郷の際に利用するための住居として、また地元住民の学習と交流の場として、和風木造二階建ての建物を建てた。八月十日の落成式に、柴三郎は一家をあげて参列し、ここで数日過ごしたという。地元名産の小国杉の大木を資材としているこの建物は、**「貴賓館」**と呼ばれている。それと同時に私財一万円余を投じて、郷土の青年たちのために、木造洋風建築建坪百二十平方メートルの図書館を建て、小国町に寄贈した。この**「北里文庫」**は、当時、熊本県立図書館につぐ大図書館と言われ、蔵書数一五一一冊と記録にあり、第二次世界大戦終戦時までよく利用された。

◉柴三郎胸像

その後、昭和六十一年に小国町で始まった地域振興の「学びやの里構想」に、翌昭和六十二年、柴三郎の偉業を受け継ぐ北里研究所と北里学園(現在両者は合併)が、北里学園創立二十五周年記念事業としてこれに協力し、貴賓館・北里文庫の修復及び生家の復元修復を行うとともに、北里文庫の建物を利用して、愛用の顕微鏡など柴三郎に関する遺品などを展示する資料館である**「北里柴三郎記念館」**に改装し、小国町に寄贈した(熊本県阿蘇郡小国町大字北里三一九九)。「日本が世界に誇る医学者～北里柴三郎～の偉業を称え、後世へ伝え」るための施設とされている。

現在は、平成七年四月一日に法人化した財団法人「学びやの里」により管理運営が行われている。周辺には、「木魂館」と呼ばれる研修宿泊施設とグラウンド、「北里バラン」という食と健康の交流館などがあり、町民の生活と文化を育む拠点となっている。

記念館正面前の庭の左側に、昭和六年八月三十日に発起人総世話人北里雄平により竣工された**柴三郎の胸像**がある。台座に刻まれた題字は、熊本県出身の思想家、徳富蘇峰によるものである。

橋本家屋敷

◉橋本家屋敷

文久元(一八六一)年、八歳になった柴三郎は、小国郷志賀瀬村(現南小国町字満願寺)にある父の姉満志の嫁ぎ先である橋本龍雲の元に預けられ、四書五経の教えを受けた。龍雲は、日田の咸宜園《かんぎえん》と肥後藩の再春館で学んだ漢方医で、当時寺子屋も開いていた。柴三郎はここで二年間勉学の傍ら躾けられ、毎日縁側を雑巾がけしたといわれている。地元では「光るお縁」と名付けられ、子女教育の材料として大切に保存された。築二百年を超えた現在も、母屋と土蔵が残されている。土蔵に保管されていた蔵書は、平成十三年**北里大学の東洋医学総合研究所医史学研究室**に寄贈された。

藩校時習館跡

時習館《じしゅうかん》は細川家第八代重賢《しげかた》が、熊本城内二の丸に設立した文武両道の学校。宝暦五(一七五五)年に、細川内膳家当主長岡忠英を初代総教(総長)に、秋山玉山《ぎょくざん》を初代教授(学長)に迎え開校した。朱子学を中心に、漢学、習字、習礼、数学、音楽、故実などを教え、馬術、居合、長刀、剣術、槍術、砲術等の武芸も東台《ひがしうてな》・西台《にしうてな》と呼ばれる演習所で修行させるというものであった。全国に名を知られた藩校のひとつで、熊本藩士族の文武両道、質実剛健の気風を育てたとされる。藩士の子弟は八歳の正月に入学し、試験に合格すれば十三~十七歳で「講堂」となり、上位の学科を学べ、さらに、前途有望な者と門閥の子弟二十五人が「居寮生」となり、藩費で寄宿し、勉学を続けることができた。幕末に

◉時習館跡

は横井小楠、元田永孚《ながざね》らが学んだ。
　柴三郎は、明治二(一八六九)年十二月に寮生として入学した。しかし、明治維新のあおりを受け、翌三年七月に時習館は廃校になり、やむなく退寮の憂き目に遭い小国村に戻った。現在は駐車場や公園となっている**二の丸広場**に、小さな**時習館跡の碑**が残されている。碑文には「細川重賢が宝暦五年(一七五五年)、細川藩の子弟を教育するため開いた学校である。科目は儒学中心の道徳、社会、人生に対する知識及び武術であった。第一代教授(学長)は豊後(大分県)鶴崎出身の秋山玉山で、この学校には有名な学者が多く集まった。明治三年廃校」とある。

熊本医学校跡

　立身出世への道を諦められぬ柴三郎は、軍人になると決心し、両親に大阪にある兵学寮に応募することを希望した。しかし、反対され、熊本で開所する予定となっていた医学校への入学を勧められた。そして、明治四(一八七一)年二月、肥後藩の医学校に十八歳で入学し、三年間在籍した。

　この医学校は、重賢が時習館を設立した翌年の宝暦六(一七五六)年に、すでに私塾を持ち、重賢を治療した医師村井見朴《けんぼく》に命じて、城下の角井(現熊本市西区二本木)に創設させた**再春館**にその源を発する。患者を身分・貧富で差別しない、治療技術のみでなく学理も学ぶ、師弟関係を尊重するという三カ条を教育方針とし、また生徒の入学資格を階級身分によってではなく、医道に志のあるものとするなど、民主的な運営がなされていた。また、薬園・蕃滋園を併設し、医学とともに薬学も研究された。ここでは殖産興業の一環として朝鮮人参の栽培研究も行われた。明和八(一七七一)年、山崎町(現熊本市中央区紺屋今町)に新築移転した。ここには現在、**再春館跡の案内板**がある。明治三

（一八七〇）年七月、時習館とともに廃校になった。

その九十日後、熊本城内の古城（現熊本第一高校）にあった武家屋敷を改築して、医学所を兼ねた病院が開院、式には藩知事も出席した。初代の院長は、出島のオランダ商館出入りの医師であった吉雄圭斎が就任した。**「藩立病院治療所」**、**「古城病院」**、**「古城医学所」**などと呼ばれた（熊本県熊本市中央区古城町三－一）。この医学所に柴三郎は入学したのであった。柴三郎入学後すぐの明治四年七月に廃藩置県によって、官立医学研究所兼病院と改称されたが、通称の古城医学所で呼ばれ続けた。その年の二月、つまり柴三郎が医学所に入学したのと相前後して、圭斎の推薦で長崎医学校からオランダ海軍の軍医ゲオルゲ・ファン・マンスフェルトが招かれ、教師に就任した。柴三郎は、医学に関心が無かったが語学に才能を発揮し、二年目から助教としてマンスフェルトの講義を通訳するようになった。

マンスフェルトは、オランダ・ディメルメールに生まれ、ユトレヒトで医学を学び、慶応二（一八六六）年に来日。ボードインの後任として長崎の医学校「精得館《せいとくかん》」で解剖学、組織学、眼科学を講義。同館が長崎府医学校（現在の長崎大学医学部の前身）となるに際し、長与専斎と学制を改革した。熊本医学校のオランダ語と物理学の教師を務め、後に京都の療病院（現京都府立医科大学）や大阪府病院（現在の大阪大学医学部の前身）の教師を経て帰国した。

マンスフェルトは北里の非凡さを見抜き、医学も男子一生の仕事として足ることを説き、東京で勉強を続け、さらにはヨーロッパで学ぶことを薦めた。マンスフェルトが四年の任期を終え明治七年七月に熊本を去ると、柴三郎はマンスフェルトの助言に従い上京、東京医学校へ通い始めたのであった。

［大澤輝嘉］

肥前の炭鉱王　高取伊好

高取伊好《これよし》は嘉永三（一八五〇）年、佐賀藩家老職を務める多久氏の儒臣鶴田斌《ひとし》の三男として生まれた。五歳で多久の東原庠舎《とうげんしょうしゃ》に学び、八歳で姉が嫁いだ東原庠舎教師高取大吉の養子となり、漢学の素養を身に付けた。

明治三（一八七〇）年、伊好は上京し、家系の漢学の道には進まず、福澤諭吉と共に文久遣欧使節に加わった箕作秋坪が主宰する英学塾、三叉《さんさ》塾に入塾し、翌四年慶應義塾に入塾する。

『慶應義塾入社姓名録　明治四年　第三』を見ると、「高取節之助」の名がある。「佐賀藩、二十歳」と記されており、「高取」の名が他に見られないことから、「高取伊好」と見做してまずは間違いないだろう。入社は「七月三日」と記され、慶應義塾勤惰表明治四年九月から十一月に「高取節之助」の名があり、それ以降の勤惰表に名が見えないことから、半年にも満たない在籍であった。その為か、慶應で高取伊好のことを語られることはない。

さらに同五年工部省鉱山寮に学ぶ。鉱山寮は教師が全てお雇い外国人で、英語で講義が行われた。二年間で鉱山寮を卒業して、工部省に勤め、高島炭鉱に赴任する。

高島炭鉱

日本初の近代機械化炭鉱が開かれた高島では、既に元禄時代に石炭が発見されていたが、慶応四年英国人トーマス・グラバーが佐賀藩に勧めて、機械化した高島炭鉱が開かれた。グラバー商会が倒産し、炭鉱が外国商社の手に渡るのを防ぐために、明治七年、明治政府が買い取り、伊好は、官営炭鉱初代技師となった。

明治政府は高島炭鉱を後藤象二郎に払い下げたが、後藤の商売はうまくいかず、明治十四年後藤は三菱の岩崎弥太郎に両者の共通の知人である福澤諭吉を仲介にして、売却した。

長崎港の南西約一四・五キロに位置する高島は、周囲六・四キロ、面積一・二二平方キロの小さな島で、現在長崎港大波止ターミナルから高速船で、約三十分で行ける。

昭和六十一年十一月に炭鉱が閉山され、現在は海水浴場や磯釣り公園を設けたり、シーカヤックやシュノーケリング体験を行ったり、観光の島へと生まれ変わろうとしている。昭和三十五年には人口二万一千人を数えたが現在の人口は四百二十人となっている。

高島港ターミナルの目前に、昭和六十三年に開設された**高島石炭資料館**があり、高島炭鉱の歩み、技術が展示されているが、島を中心に海底に張り巡らされた坑道の長さに驚愕した。資料館の海側には平成十六年に建立された岩崎弥太郎の銅像が置かれている。

島の北東端にトーマス・グラバー別邸跡があり、やはり平成十六年に建立されたトーマス・グラバーの胸像がある。そして、近くに「明治日本の産業遺産　製鉄・製鋼・造船・石炭産業」の世界文化遺産で、国指定史跡である「**高島炭鉱北渓井坑《ほっけいせいこう》跡**」がある。ここは蒸気機関による巻揚機や排水ポンプを用いた最初の近代竪坑であった。明治二年、深さ四十三メートルで着炭し、日産三百トンを出炭したが、同九年海水の流入により廃坑となった。

◉北渓井坑跡

杵島炭鉱と大町

伊好は、高島炭鉱において坑長さらに第二支配人の地位を得たにもかかわらず、国や財閥に縛られない実業家を目指して明治十五年高島炭鉱を退職する。そして、故郷近くの唐津南部に点在した炭田を買収し、高島炭鉱で身に付けた技術と経営で開発に乗り出すが、負債は増えるばかりであった。しかし、明治四十二年に取得し開発した**杵島《きしま》炭鉱**が、良質な石炭を多量に産出し、昭和四年には大町を拠点とした杵島炭礦株式会社を設立し、大成功を収める。昭和十二年には、佐賀県内出炭高一〇九万トンのうち八三万トンを占め、佐賀県の産業発展に貢献した。大町の人口は昭和十六年に二万四千人を超え、昭和三十三年、大町小学校は八十六学級、生徒数四千名の日本一のマンモス小学校であった。そしてこの年、経営は住友石炭に変わった。しかし、石油などへのエネルギー転換や安価な外国産の石炭によって昭和四十四年に閉山を余儀なくされた。閉山と共に人口が流出し、現在の人口七千名弱、大町小学校の生徒数は約三百人である。

◉ボタ山わんぱく公園から炭鉱町であった大町を望む

ＪＲ佐世保線大町駅から伸びる本通り商店街は、かつてあらゆる商店が並び往来が絶えることがなかったというが、今は商店が殆んど見られない。さらに山側に進むと広場マーケットと書かれた建物がある。炭鉱時代は最大のショッピングエリアだったというが、今は僅かな商店が営みを続けているだけである。炭鉱住宅だった家並みを右手に見て上っていくと、町の上端に赤煉瓦の建物がある。これは昭和二年から稼働した**杵島炭鉱変電所跡**で、大町に残る唯一の炭鉱施設である。今は**「大町煉瓦館」**としてコミュニティスペースに使用されている。

町の東側に岩石や粗悪な石炭、すなわちボタを積み上げたボタ山がある。私のイメージではボタ山＝はげ山であったが、既に緑化が進められ、里山と全く区別がつかない状態になっていた。山頂部はのどかな**ボタ山わんぱく公園**になっている。

他に炭鉱時代の遺物はないかと探してみると、町の東外れの溜池の畔、四坑跡地にコンクリートの通風坑跡があった。コンクリートに円く開けられたのは巨大扇風機の跡である。案内板などはなにもなかった。

多久市西渓公園

杵島炭鉱で巨万の富を得た伊好は、辰野金吾設計の唐津小学校の建設費を寄付するなど、社会事業、教育資金、義援金など、惜しみなく故郷に還元した。

生まれ故郷の多久にも、橋を架け水道を引くなどの貢献をした。そして、大正十一年一万八千平方メートルの土地を寄付して公園とし、そこに図書館、書庫、公会堂を建設した。

ＪＲ唐津線多久駅から南に四キロの所にあるこの公園は、現在、伊好の雅号西渓《せいけい》をとって**西渓公園**と呼ばれている。図書館は老朽化で昭和五十五年に取り壊されたものの二階建て煉瓦造りの書庫と、寺院のような大屋根を頂いた木造平屋建ての公会堂は現存している。公会堂は、伊好の書「寒鶯待春」から**「寒鶯亭《かんおう》」**と呼ばれ、平成十一年に国登録有形文化財に指定されたが、今でも一般利用者に貸し出されている。図書館跡には、郷土資料館、先覚者資料館、歴史民俗資料館が建てられ、先覚者資料館には伊好に関するコーナーがあり、彼の筆による漢詩の掛け軸や「寒鶯亭」の書が展示されている。

◉高取伊好像（多久 西渓公園）

◉寒鶯亭（多久 西渓公園）

公園の中央には、フロックコートをまとい、シルクハットを手にした**伊好の立像**が高く聳えている。元々この立像は、大正九年に村民及び縁故者の寄付で建てられたが、戦時中に供出され、代わりに胸像が置かれていたが、平成二十三年に立像が復元された。

唐津　高取邸

高取伊好の旧宅が唐津城本丸西南の海岸沿いにあり、平成九年唐津市に寄贈され、修復・復元を経て同十九年から一般公開されている(口絵参照)。敷地約二千三百坪、建坪約三百坪、二十八部屋、合わせて三百十六畳もある木造和風家屋が建てられている。明治三十七年から三十八年にかけて建てられ、大正七年には漆喰天井に大理石の暖炉を設えた洋間などが増築された。家族住居であった居室棟はわりかし質素に作られている。それでも花頭窓と折上格天井をもった仏間には目を見張らせるものがある。そして、客人を迎えるために贅を凝らした大広間棟。まず、建物内に大広間にも転換できる能舞台があり、京都丸山四条派の絵師水野香圃の絵が描かれた杉戸や、浮き彫りと型抜きを組み合わせた欄間などの美しさに心を奪われる。二階の大広間の前には、唐津の海が広がっている。平成十年には国の重要文化財に指定されており、建物内部は撮影禁止で内部の写真を掲載することはできないが、一見の価値ある建築物であると思う。

尚、高取邸で使用されていた陶磁器は、平成十九年に有田にある**佐賀県立九州陶磁文化館**に寄贈された。その数は唐津焼、有田焼、鍋島焼など佐賀県の焼き物を中心に五四〇件一七二七点に上っている。猪口などは百個単位のものもあり、高取家の饗応ぶりがうかがえる。残念ながら高取コレクションとして展示はされていないが、寄贈品の中から時季や企画展に応じて展示されている。

伊好は、昭和二年七十二歳で逝去する。彼は生前に「開物斎成務伊好居士」という法号を撰している。これは易経による「開物成務」によるもので「自然に恵まれたものを開き、活かし、それに努めて成功させるまで努力せよ」という意味で、彼の生き方そのものであった。

「肥前の炭鉱王」として得た富を、故郷のために惜しみなく還元した実業家であった。

［加藤三明］

column

林　毅陸

大正から昭和初期にかけて慶應義塾塾長を務めた林《はやし》毅陸《きろく》という人物がいる。

毅陸は、明治五年に佐賀県肥前町田野（現唐津市）の造り酒屋である中村清七郎の四男として生まれる。中村家は、この地方の豪族であったが明治期に入ると没落。父も逝去し、家屋敷を売り払い、母子六人で極貧の生活を送る。母は中村家再興の道は学問であるとし、九歳の毅陸を上京させる。十歳で兄が学んでいた漢学者林滝三郎（号竹堂）について高松に向かい、竹堂の葆真学舎で学び、十一歳の頃から教えることもあるほどの秀才だった。

明治二十二年、慶應義塾に入学するために再び上京。この時、竹堂の養子となり林姓になった。二十五年正科を、二十八年大学部文学科をそれぞれ首席で卒業。すぐに慶應義塾の英語教師となり、三十一年から普通科主任を務めるまでになっていたが、毅陸の興味は政治学へと傾いていく。義塾留学生として三十四年から「欧州外交史」をテーマにパリ大学政治学校に入学、義塾からの要望でロンドンにて英国憲法を学ぶことも求められた。三十八年に帰国し、慶應大学政治科教授となる。

四十五年、藩閥、軍閥政治に反対する第一次護憲運動に参加するため、香川県から立候補し衆議院議員となり、大正九年まで務めた。毅陸は、陸海軍大臣が現役大将・中将に限るとした制度が、立憲政治に反するとして改正を迫り、軍部の専横に歯止めをかけ、政治家としての名を上げた。

大正十二年に慶應義塾長兼大学総長に就任し、昭和八年まで十年間、その任を務める。就任当時は関東大震災で被害を受けたキャンパスの復興に努め、その後は日吉キャンパスの開設に尽力した。昭和十一年帝国学院会員に推挙された。ヒトラーを批判、その出現をベルサイユ条約にあると既に看破していた。戦後は、天皇に助言をする枢密顧問官、愛知大学学長を務め、昭和二十五年に逝去する。

◉「林毅陸先生誕生之地」記念碑

唐津駅から西に道のりで十七キロ、田野小学校の裏手の山を五分ほど登った高台に**「林毅陸先生誕生之地」記念碑**がある。昭和四十年五月、同郷で東京女子医大付属病院長を務めた吉岡正明が建て、揮毫は小泉信三、碑の後ろの煉瓦塀には、富田正文撰による林毅陸の略歴が記された石板がはめ込まれている。

［加藤三明］

アメリカに眠る義塾の「亀鑑」

小幡甚三郎と馬場辰猪

福澤諭吉は、万延元年に木村摂津守の従僕として咸臨丸でサンフランシスコを、慶應三年に幕府軍艦受け取り委員の随員として、サンフランシスコ、ニューヨーク、ワシントン等を訪ねている。米国の都市は、この一世紀余の間に大きく変貌したので、当時の面影を探すことはなかなか難しい。この点では、往時の街並みが残る欧州各地の史跡巡りのような面白さは乏しいのであるが、米国には、福澤がその人柄と能力をこよなく愛し、早世を惜しんだ二人、小幡甚三郎と馬場辰猪が眠る墓地があることを忘れるわけにはいかない。

小幡甚三郎墓所

ニュージャージー州のニューブラウンズウィックに、**ウィロウ・グローブ墓地**がある。この町は、州立のラトガース大学がある町でニューヨークからは鉄道で一時間程度の位置にある。全体がすぐに見渡せるほどの小さな墓地であ

◉小幡甚三郎墓所（右から四基目）

るが、その片隅に、高さ二メートルくらいの細い角柱の墓碑が七つ並んだ一角がある。これらは、いずれも明治初期に亡くなった日本人留学生の墓地で、その一つが小幡甚三郎のものである。墓碑の正面には**「日本小倉　小幡甚三郎墓」**、右側面には**「明治六歳一月廿日行年廿九齢」**とある。

小幡甚三郎は、福澤が元治元(一八六四)年、郷里中津に帰省した折に見出し、将来の塾の柱となることを期待して連れてきた六人の門弟の一人で、後に福澤のよき女房役となった篤次郎の弟である。甚三郎は、草創期の義塾にあって、実務に優れ、芝新銭座から三田への移転などで大きな働きをしただけでなく、当時乱れていた塾内の規律を正すことにも大いに貢献をしたという。そして、甚三郎の人柄を象徴する逸話がある。

◉小幡甚三郎

戊辰戦争のさなか、官軍が西から攻めてきて、明日にも江戸市中が戦乱に巻き込まれようという時、江戸の市民は、一身の安全を図ろうと大慌てになっていた。官軍も外国人と事を構えることは好まないに違いないと、横浜の居留地に逃げる者、仮に西洋の籍に入る者もあった。また、つてのある者は、外国公館の使用人であるという証明書を貰って、護身に役立てようとする者もあった。

塾にも、親切心で、アメリカ公館の証明書を手配してくれると申し出る人がいた。その時、甚三郎は広間に走り出て、顔色を変えて、塾の人々を前に次のように言い放ったのである。

「諸君は今日の形勢を見て如何の観を為すや、東軍西軍相戦うならんと雖ども、畢竟日本国内の戦争にして唯是れ内乱なるぞ、我輩は文(学問)を事としてその戦争に関するなしと雖ども、内外の分は未だ之を忘れず、……報国の大義を忘れ、外人の庇護の下に苟も免かれんより、寧ろ同国人の刃に死せんのみ、我輩が共にこの義塾を創立して共に苦学するその目的は何処に在るや、日本人にして外国の書を読み、一身の独立を謀てその趣旨を一国に及ぼし、以て我国権を皇張するの一点に在るのみ、然るを今にしてこの大義を顧みざるが如きは初より目的を誤るものと云うべし、我義塾の命脈を絶つものと云うべし」。

これは、その時の情景を、後に福澤諭吉が記した「故社員の一言今尚精神」の一節で、甚三郎の様子を「その語気凛々、決する所あるが如し」と記している。この甚三郎の毅然とした態度に、塾の人たちは、申し出を断っただけでなく、落ち着きを取り戻し、周囲の騒乱をよそに学問に一層励むことになったという。五月十五日のウェーランド経済書講述記念日の逸話も、この直後のことである。

甚三郎は、明治四(一八七一)年、旧藩主奥平昌邁《まさゆき》の留学に随行する形で渡米した。ニューヨーク州のブルックリンの Polytechnic Institute で学ぶが、先の逸話が示すような、生真面目で使命感の強い甚三郎にとって、習慣の違い、旧藩主の補導監督のような役割、悲壮なまでの猛勉強は心身の衰弱を来たし、明治六年一月二十九日、フィラデルフィアの病院で亡くなったのであった。

渡米の前年には欧米の学制の概要をまとめた『西洋学校軌範』を著し、米国からも学校の様子などを報告していた甚三郎に、福澤は、義塾の運営における帰国後の活躍を楽しみにしていた。それだけに、訃報に接した福澤の悲嘆は大きく、親しかった島津復生にあてた手紙には、甚三郎君が帰国したら、あれもしようこれもしようと楽しみにしていたのに、「心中の百事一時に瓦解」して何も手につかない、一日中愚痴ばかりこぼしていると書き記している。

なお、甚三郎が眠るウィロウ・グローブ墓地については、その後も、塾の人々が心を寄せて来た。例えば、昭和二十八年、ラトガース大学の微生物学研究所長でもあったワックスマン博士がノーベル賞授賞式の帰途に来塾し、義塾最初の名誉博士を授与された際には、墓地の現況の確認を塾長潮田江次氏が依頼し、博士も快く応じてくれた。また、昭和四十年代に墓地が相当荒れて、日本人留学生の墓石もすべて倒壊していた時には、その様子に心を痛めた在米塾員からの知らせに、当時塾監局で外事部門の任にあった石井隆氏が視察交渉、修復に尽力している。そして現在は、ニューヨーク学院の教職員有志が甚三郎を偲ぶグループを作って墓参を続けている。また、時に生徒有志の墓参も行われている。

馬場辰猪墓所

フィラデルフィアの**ウッドランド共同墓地**は、ウィロウ・

グローブ墓地とは対照的に、非常に広大で開放的な墓地である。そこの一三〇号G区に、**馬場辰猪の墓石**がある。方尖形の碑に**「大日本馬場辰猪之墓」**と刻まれ、台座には、「TATSUI BABA DIED NOV.1, 1888 AGED 38 YEARS」とある。

馬場は、慶應二年、土佐より義塾に入門し、その後明治三年から約八年間英国ロンドンに留学、伝統あるテンプル法学院で法律を学んだ。しかし、単純な西洋流の輸入者ではなく、日本の独立を深く憂える気骨の人でもあった。たとえば、日本と英国の間の条約の不当（関税自主権の喪失）を指摘し、改正の必要を訴える本や『日本語文典』という日本語のテキストを留学中に英語で出版している。

◉馬場辰猪墓所

帰国後は、その経歴と深い学識からすれば、学問の世界や実業の世界で華々しい活躍もすることが出来た人ではあるが、そのような生き方を良しとせず、英国で学んだ、自由や人権への考えとそれを保証する社会の仕組みを日本に根付かせようと、「民心の改革」のために、いわゆる在野の民権家として言論活動に努めた。しかし、馬場の活動は、政府などの圧迫を受けることになり、明治十九年、半ば亡命のような形でアメリカに渡るが、渡米前から罹っていた結核が悪化して二十一年十一月一日、ペンシルヴァニア大学病院で没した。なお、馬場の墓所は、**谷中霊園**にもある。

義塾社中の「亀鑑《きかん》」

福澤諭吉は、異国に眠る二人の死を終生惜しんでいた。たとえば明治三十一年、『福澤全集』が刊行される際に、自らの著作活動を振り返った「福澤全集緒言」の冒頭において、戊辰戦争の時の小幡甚三郎の逸話を「小幡甚三郎の一言は文明独立士人の亀鑑なりとて永く塾中に伝えて之を忘る丶者なし」と紹介している。また、「独立自尊」の生き方を打ち出した義塾のモラルコードとも言うべき「修身要領」の

◉馬場辰猪

編纂の際には、福澤は長男一太郎に、甚三郎がこの世にいないことを嘆いたという。

馬場辰猪の没後八周年の式でも、「亀鑑」の二文字を使って追悼した。

「君は天下の人才にしてその期する所も亦大なりと雖も、吾々が特に君に重きを置て忘るゝこと能わざる所のものは、その気風品格の高尚なるに在り。……吾々は天下の為めに君を思うのみならず、君の出身の本地たる慶應義塾の為めに、特に君を追想して今尚おその少年時代の言行を語り、以て、後進生の亀鑑に供するものなり。君の形体は既に逝くと雖も生前の気品は知人の忘れんとして忘るゝ能わざる所にして、有年の後、尚お他の亀鑑たり。」

その前日に、福澤は芝紅葉館で義塾草創期の人々と懐旧の会を開いているがそこにおいて、今日「慶應義塾の目的」として知られる「気品の泉源智徳の模範」の演説をしている。そのとき福澤の心の中には、馬場をはじめとする早世した門弟の思い出が去来していたに違いない。

福澤諭吉が、「亀鑑」と述べて惜しんだ小幡甚三郎と馬場辰猪。二人を偲ぶことは、義塾が大切にしてきた「独立」と「気品」を考える上で多くの示唆を与えてくれる。ニューヨークへの旅行や出張の際には、足をのばして訪れたい史跡である。

〔山内慶太〕

金玉均

金玉均の生涯

　李朝後期時代に、日本を範に朝鮮の近代化を図ろうとした金玉均《キムオッキュン》は、一八五一年二月二十三日、忠清南道公州市で生まれる。本貫(始祖の出身地)は安東《アンドン》で、安東金氏は名門の家柄であったが、金玉均の生家の生活は楽ではなかった。

　二十二歳で科挙に合格するという秀才で、書、詩、絵画、音楽にも優れた才能を持ち、中堅官僚のホープであった。そして世界の情勢を学び、西欧の科学技術や民主的な政治を導入していく開化思想を抱いた。

　当時の朝鮮は、李氏朝鮮王朝第二十六代王・高宗《コジョン》の父・大院君と王妃・閔妃《ミンピ》との権力闘争が繰り返されていたが、いずれにしても専制政治が行われ、清国の朝貢国の立場にあって、鎖国攘夷を行うという旧態依然としたものであった。そこで彼は、明治維新を範として、日本の協力によって朝鮮を近代化し、真の独立を目指そうと志した。

◉金玉均

　明治十五(一八八二)年二月から七月にかけて日本に留学し、大阪慶應義塾で学んだ東京東本願寺別院の僧侶寺田福寿の斡旋で、福澤諭吉と出会うことになる。西洋列強の支配を受けないために、アジア諸国も近代化して独立を果たさなければならないという考えを持っていた福澤は、既に明治十四年に二名の朝鮮人留学生を慶應義塾で受入れるなど、朝鮮の近代化を支援していた。金玉均は福澤の卓見に感服し、福澤は彼の情熱に共感して広尾狸蕎麦の別邸（現幼稚舎）に住まわせ、政府高官、民間の名士などに会見させた。

　明治十五年九月から翌年三月まで金玉均は二度目の来日をした。同年七月、大院君が、政権を握っていた閔氏一族打倒を画策した壬午《イムオ》事変が起こり、日本公使館員、日本人軍事顧問などが殺害された。その結果、日朝間で締結された済物浦《チェムルポ》条約批准の修信使の顧問としての再来日であった。この時、福澤の尽力で横浜正金銀行より朝鮮政府への十七万円の借款を得ている。さらに彼の求めに応じて、朝鮮改革の顧問として、福澤の門下生牛場卓蔵、井上角五郎を遣わしている。井上は、『漢城旬報』という朝鮮初の新聞を発行し、漢字ハングル混じりの新文体を提唱した。

　明治十六年六月、国王の国債委任状を持ち、三百万円の借款を得ようとして三度目の来日を果たす。福澤の紹介で知己を得た後藤象二郎等が支援するが、閔妃の妨害や日本政府の非協力によって借款は成功せず、失意のうちに翌年五月に帰国した。

　金玉均はじめ開化派は、平和的方法による改革をあきらめ、清国を頼って守旧的な事大政策をとっていた閔氏政権打倒のため、日本軍の支援によるクーデターを実行した。明治十七年十二月四日、**郵征總局**《ウジョンチョングッ》（近代的郵政業務を取り扱うために設置された官庁）の落成式で、政府の要職を占めていた閔氏一族を殺害した甲申《カプシン》事変である。清国への朝貢廃止、門閥の廃止と人民平等の権、窮民保護、不正官吏の取り締まり、地租改正というまさに近代化の政策が発表されたが、清国軍の介入により、政権は三日で終わってしまった。

　クーデターに失敗した金玉均は、十二月十一日仁川を出港し、十三日に長崎へ着いた。十二月下旬に東京へ赴いた金玉均は、三田の福澤を訪ね、狸蕎麦の別邸に匿われた。その後は、朝鮮からの刺客から逃れるため、岩田周作と名乗り、日本政府の庇護を求めたが、外交上の紛議を懸念して国外退去命令を出すなど彼を厄介者として扱うようになり、横浜、関西、小笠原諸島、北海道などを転々とした。その間、福澤を始め、犬養毅、尾崎行雄、朝吹英二、井上角五郎などの門下生は、生活資金の援助を惜しまなかった。

　明治二十七年三月二十八日、金玉均は朝鮮、清国両政府の奸計によって上海に誘い出され、刺客洪鐘宇《ホンジョンウ》によって暗殺されてしまった。遺体は朝鮮に運ばれ、切り刻まれて各地で晒しものにされた。

日本と韓国に残る墓所

福澤諭吉は、金玉均供養のため、寺田福寿に法名を依頼し、「古筠院釈温香」と付けて位牌を作り、自宅で法要を営んだ。

暗殺後、縁のある人々が交詢社を中心に集まり「故金玉均友人会」が組織され、金玉均の付き人であった和田延次郎が密かに持ち帰った遺髪と衣服の一部をもって、五月二十日浅草東本願寺別院で、会葬者二千余名という盛大な葬儀が営まれた。そして、明治三十七年青山霊園の外国人墓地の北1種イ7側に犬養毅、頭山満によって墓碑が建てられた（五八ページ参照）。墓碑は高さ約三メートルもあり、上部に「金公玉均之碑」とあり、下部に同志であった朴泳孝の撰文、大院君の孫・李埈鎔の書で彼の事績が刻まれている。

また、ソウルで写真店を営み金玉均を慕っていた甲斐軍治も、遺髪と衣服を持ち帰り、寺田福寿が住職を務めていた真浄寺に埋葬し、明治三十三年三月二十八日甲斐軍治に

◉韓国の金玉均墓所

◉金玉均生家跡と追慕碑

よって墓碑が建てられた。東京メトロ本駒込駅から徒歩四分の**真浄寺**（文京区向丘二―二六―九）の本堂右手奥に高さ三メートル程の「朝鮮國金玉均君之墓」が目に入り、傍らに甲斐軍治の墓もある。元は「大朝鮮國金玉均之墓」とあったが、頂部が昭和二十年三月十日の東京大空襲で破損してしまったという。

韓国には忠清南道《チュンチョンナムド》牙山市《アサンシ》霊仁面《ヨンインミョン》牙山里《アサンリ》一四三に**金玉均の墓所**がある。丘陵の斜面に羊、僧侶、文官の石像に見守られて墳墓があり、その左手に「古筠居士安東金玉均之墓配貞敬夫人杞渓兪氏祔左」と刻まれた墓石がある。また、右側には廟堂が建てられている。これは金玉均の養嗣子金英鎮が牙山郡守であった大正三年に、青山霊園より遺髪の一部が移され、同年に逝去した夫人と合葬して建立したものである。

公州市《コンジュシ》正安面《チョンアンミョン》広亭里《クワンチョンリ》三八の**生家跡**は、**「金玉均遺墟」**として二四七三㎡の広い敷地が鉄柵で囲まれ、亀を下に敷き、竜を頂いた立派な**「古筠金玉均先生追慕碑」**（平成元年建立）が建てられている。

甲申事変の舞台になった**郵征總局**（ソウル特別市鍾路区《チョンノク》郵《ウ》征局路《ジョングッロ》五九）は、ソウル地下鉄安国駅《アングクニョク》から徒歩五分、大韓仏教・曹渓宗の本山である曹渓寺《チョゲサ》に隣接し、文禄の役直後に建てられたという郵征總局本舎であった建物のみが現存している（口絵参照）。

各地に残るゆかりの物

日本では、十年に及ぶ亡命生活で、多くの日本人と交流を持ち、達筆な彼は懇願され、あるいは生活のために多くの書を認めた。それが形として残っているものを紹介しよう。

JR両毛線・東武佐野線佐野駅から徒歩十五分の妙顕寺（栃木県佐野市堀米町一二六四）の本堂正面に**「開本山　金玉均書」**と当寺の山号を記した扁額が掲げられている。佐野の豪農出身で、慶應義塾で学んだ須永元は、純粋に朝鮮の自主独立を願って、金玉均を始め日本に亡命中の朝鮮人を支援した人物である。金玉均は、佐野の須永邸や須永が檀家総代を務めていた**妙顕寺**に寄宿したこともあり、その縁でこの扁額が妙顕寺にある。

金玉均が小笠原に配流になっていた時、久我山村出身の「小笠原の砂糖王」飯田作右衛門の知己を得る。二人は遠く離れた老父に親孝行ができない身の上に共感し、明治二十二年、彼は、作右衛門の父を思う気持ちに感激して文を贈った。そして、明治三十三年に作右衛門によって碑が建てられた。上部に体は遠く離れていても心は同じという意味の**「人心同」**が金玉均の書で刻まれ、下部に金玉均が飯田の父に贈った漢文が書かれている。京王井の頭線久我山駅から徒歩五分、**久我山稲荷神社**（杉並区久我山三－三十七－十四）の正面階段を上ると、本堂の右手に碑が見える。

ＪＲ・東武北千住駅から徒歩五分、赤門寺とも呼ばれる**勝専寺**（足立区千住二－一一－一）の鐘楼の石垣に明治二十四年四月に作成された**「鐘楼建築記念碑」**が埋め込まれている。鐘楼の由来が漢文で書かれているが、その上部に「鐘楼記念之碑　金玉均」とあり、金玉均の揮毫である。

◉佐野妙顕寺の扁額

東京メトロ千駄木駅から徒歩七分、三崎坂を上った右手の**永久寺**（台東区谷中四－二－三七）に、「西洋道中膝栗毛」「安愚楽鍋」を著した仮名垣魯文の墓がある。正面にかなり磨滅しているが聖観音を線刻した板碑がはめ込まれ、左側面に「遺言本來空財産無一物　俗名假名垣魯文」右側面に**「韓人金玉均書　佛骨庵獨魯草文」**と金玉均の書が刻まれている。病床にあった魯文が、彼に依頼したものだが、彼が暗殺される方が早かった。

明治二十七年七月、甲午《カボ》改革によって開化派が政権を握り、近代化政策が進められると、金玉均の反逆者の汚名はそそがれた。韓国では、親日の売国奴という評価もあるが、彼の生家跡、墓所が忠清南道の文化財に指定されていることからも、近年は韓国の近代民主主義の先駆者として評価が高まっている。

［加藤三明］

本書関連史跡・ゆかりの地一覧

本書で扱う慶應義塾関連の史跡・ゆかりの地を都道府県別に掲載し住所を記した。

（住所は平成 29 年 9 月現在）

	史跡名	住所	本文該当ページ
北海道	元浦河教会（三代目、現在）	浦河郡浦河町荻伏 15	37
	赤心社記念館	浦河郡浦河町荻伏 15	37
	荻伏開拓功労者の像	浦河郡浦河町荻伏	37
	沢茂吉墓所	浦河郡浦河町字瑞穂 136　浦河町瑞穂共同墓地内	38
	依田勉三の銅像	帯広市東 3 〜 4 条南 2　中島公園内	32
	「開基明治十六年　帯広発祥の地」の碑	帯広市東 9 条南	32
	依田勉三墓所	帯広市東 8 条南 14　帯広墓地内	34
	六花亭製菓本社	帯広市西 24 条北 1-3-19	34
	帯広百年記念館	帯広市緑ケ丘 2　緑ヶ丘公園内	35
	小泉淳作美術館	河西郡中札内村栄東 5 線 172-1	35
	「男爵薯発祥の地」記念碑	亀田郡七飯町鳴川 1	39
	開拓神社（札幌）	札幌市中央区宮ヶ丘 474　北海道神宮内	35
	大倉山ジャンプ競技場（大倉喜七郎男爵顕彰碑）	札幌市中央区宮の森 1274	44
	元浦河教会（二代目、移築）	札幌市厚別区厚別町小野幌 50-1　北海道開拓の村内	37
	モエレ沼公園	札幌市東区モエレ沼公園 1-1	120
	途別水田の碑	中川郡幕別町依田	34
	徳源地の碑	中川郡幕別町依田	34
	依田勉三翁頌徳之碑	中川郡幕別町依田	34
	幕別町ふるさと館（「きまり小屋」）	中川郡幕別町字依田 384-3	34
	晩成社史跡公園（依田勉三住居跡）	広尾郡大樹町生花	33
	扇瀬公園	富良野市東町 22	40
	中村千幹墓所	富良野市北扇山 3 東 9 線　富良野墓地内	40
	中村千幹氏之像	富良野市弥生町 1-1　富良野市役所内	40
	開拓碑（富良野）	富良野市南扇山　扇山地区公民館内	40
	男爵資料館	北斗市当別 4-3-1	39
青森県	慶應義塾幼稚舎疎開学園の碑（木造）	つがる市木造曙　銀杏が丘公園内	24
	木造中央公民館（旧木造中学講堂）	つがる市木造曙　銀杏が丘公園内	25
	慶應寺	つがる市木造千代町 24	24
	西教寺	つがる市木造千代町 82	24
	向陽小学校跡地	つがる市木造千年 26-7	25
	つがる市立向陽小学校	つがる市木造日向 62-1	25
	東奥義塾高等学校	弘前市石川長者森 61-1	23
	旧東奥義塾外人教師館（東奥義塾跡地）	弘前市下白銀町 2	23

菊池九郎先生碑……弘前市下白銀町 1　弘前城内……24
岩手県……小岩井農場……岩手郡雫石町丸谷地 36-1……51
秋田県……井坂公園（井坂記念館、井坂直幹君之像）……能代市御指南町 25……22
栃木県……妙顕寺（金玉均扁額）……佐野市堀米町 264……185
群馬県……神津牧場
（神津邦太郎翁像、我国酪農発祥の地碑）……甘楽郡下仁田町大字南野牧 250……90
埼玉県……慶應義塾志木高等学校（松永安左エ門胸像）……志木市本町 4-14-1……161
柳瀬荘（黄林閣）……所沢市大字坂之下 437……158
松永安左エ門墓所（平林寺）……新座市野火止 3-1-1　平林寺内……160
睡足軒の森（睡足軒）……新座市野火止 1-20-12……160
千葉県……旧岩崎家末廣別邸……富里市七栄 650-25……53
東京都……勝専寺（鐘楼建築記念碑）……足立区千住 2-11-1……186
新田運動場（跡地）……大田区千鳥 2……11
清澄庭園……江東区清澄 3-3-9……50
恵比寿プライムスクエア
（旧福澤桃介渋谷本邸）……渋谷区広尾 1-1-39……103
明治神宮野球場……新宿区霞ケ丘町 3-1……59
大倉和親墓所……新宿区愛住町 10-1　正応寺内……109
女子学生会館明泉（犬養毅邸跡）……新宿区南元町 6-2……152
おとめ山公園（松永安左エ門旧宅）……新宿区下落合 2-10……158
阿部章蔵記念碑……杉並区高井戸東 2-2-23-1……138
久我山稲荷神社（「人心同」の石碑）……杉並区久我山 3-37-14……186
旧岩崎邸庭園……台東区池之端 1-3-45……49
馬場辰猪墓所（谷中霊園）……台東区谷中 7-5-24　谷中霊園内……180
永久寺（仮名垣魯文の墓）……台東区谷中 4-2-37……186
新富座跡……中央区新富 2-6-1……27
歌舞伎座……中央区銀座 4-12-15……28
明治会堂別館跡（専修大学発祥の地記念碑）……中央区銀座 3-14-3……111
はち巻岡田……中央区銀座 3-7-21……139
明治座……中央区日本橋浜町 2-31-1……28
帝国劇場……千代田区丸の内 3-1-1……30
明治生命館（明治生命本社本館）……千代田区丸の内 2-1-1……112
帝国ホテル本館……千代田区内幸町 1-1-1……42
憲政記念館（尾崎咢堂像）……千代田区永田町 1-1-1……154
岡本家墓所……府中市多磨町 4-628　多磨霊園内……73
福澤桃介墓所……府中市多磨町 4-628　多磨霊園内……103
阿部泰蔵墓所……府中市多磨町 4-628　多磨霊園内……111
小泉家墓所（多磨霊園）……府中市多磨町 4-628　多磨霊園内……122
大倉家墓所……文京区大塚 5-40-1　護国寺内……46
六義園……文京区本駒込 6-16-3……48
東洋文庫ミュージアム……文京区本駒込 2-28-21……48
野球殿堂博物館……文京区後楽 1-3-61……135
金玉均墓所（真浄寺）……文京区向丘 2-26-9……185

大倉集古館（休館中）……港区虎ノ門 2-10-4……44
ホテルオークラ東京（新本館建築中）……港区虎ノ門 2-10-4……45
青山霊園……港区南青山 2-32-2……54
門野幾之進墓所（頌徳碑）……港区南青山 2-32-2　青山霊園内……114
犬養毅墓所……港区南青山 2-32-2　青山霊園内……152
金玉均墓所（青山霊園）……港区南青山 2-32-2　青山霊園内……184
岡本太郎記念館（旧岡本太郎邸）……港区南青山 6-1-19……70
聖アンデレ教会東京……港区芝公園 3-6-18……86
ノグチルーム（彫刻「無」「学生」「若い人」）港区三田 2-15-45　慶應義塾大学三田キャンパス南館内……118
北里大学東洋医学総合研究所……港区白金 5-9-1……168
目黒区総合庁舎（元千代田生命本社ビル）……目黒区上目黒 2-19-15……114

神奈川県……湯河原温泉万葉公園（養生園の碑）……足柄下郡湯河原町宮上 566……108
白雲洞茶苑……足柄下郡箱根町強羅 1300　強羅公園内……163
小田原市郷土文化館分館
「松永記念館」（老欅荘）……小田原市板橋 941-1……162
堀口大學墓所……鎌倉市十二所 512　鎌倉霊園内……83
尾崎行雄墓所……鎌倉市山ノ内　黄梅院内……154
岡本かの子文学碑「誇り」……川崎市高津区二子 1-4-1　二子神社内……69
川崎市岡本太郎美術館（母の塔）……川崎市多摩区枡形 7-1-5　生田緑地内……71
尾崎咢堂記念館（相模原）……相模原市緑区又野 691……152
尾崎行雄記念碑（風雲閣跡）……逗子市新宿 5……154
ヨネ・ノグチ墓所……藤沢市本町 4-5-21　常光寺内……117
堀口大學詩碑（葉山、森戸神社）……三浦郡葉山町堀内 1025……82
葉山町立図書館（堀口大學文庫）……三浦郡葉山町堀内 1874……83
平沼亮三胸像……横浜市港北区日吉 4-1-1　日吉キャンパス内……64
旧平沼邸（現存せず）……横浜市神奈川区沢渡 55……66
三ッ沢公園（平沼亮三像、平沼記念体育館）……横浜市神奈川区三ツ沢西町 3-1……67
平沼亮三墓所……横浜市西区西戸部町 3-290　願成寺内……67
大倉陶園本社ファクトリーショップ……横浜市戸塚区秋葉町 20……107

新潟県……西脇本家……小千谷市本町 2-7-6……75
小千谷市立図書館（西脇順三郎記念室）……小千谷市土川 1-3-7……76
西脇順三郎墓所……小千谷市平成 2-2-37　昭専寺内……76
「舟陵の鐘」の碑……小千谷市稲荷町 12-2　船岡公園内……76
山本山の西脇順三郎詩碑……小千谷市山本山山頂広場……76
花田屋……柏崎市東本町 1-15-5……78
吉田小五郎墓所……柏崎市東本町 1-9-10　常福寺内……78
黒船館……柏崎市大字青海川 181……78
堀口大學仮寓の地（高田）……上越市南城町 3-1……82
堀口大學詩碑（高田公園）……上越市本城町 44-1　高田公園内……82
県立長岡高校（旧制長岡中学）……長岡市学校町 3-14-1……79
長岡市立中央図書館（堀口大學コレクション）……長岡市学校町 1-2-2……80
堀口家墓所……長岡市稽古町 1636　長興寺内……80
赤倉観光ホテル……妙高市田切 216……42

	妙高高原南小学校（堀口大學詩碑）	妙高市関川 1592	81
山梨県	小林一三翁生家跡の碑	韮崎市本町 1-10-1　にらさき文化村内	146
長野県	燕山荘	安曇野市穂高有明中房国有林内　燕岳	43
	福澤桃介記念館	木曽郡南木曽町読書 2941-5	101
	読書発電所	木曽郡南木曽町読書 3668-1	101
	桃介橋	木曽郡南木曽町読書	101
	柿其水路橋	木曽郡南木曽町読書	102
	木曽川電力資料館（須原発電所）	木曽郡大桑村殿	103
	福澤桃介先生寿像	木曽郡大桑村殿　桃介公園内	103
	百万 kw 達成記念碑	木曽郡大桑村殿　桃介公園内	103
	万平ホテル	北佐久郡軽井沢町軽井沢 925	86
	日本聖公会軽井沢ショー氏記念礼拝堂（ショー氏記念碑、胸像）	北佐久郡軽井沢町軽井沢 57-1	87
	ショーハウス記念館	北佐久郡軽井沢町軽井沢 57-1	88
	神津藤平胸像	佐久市志賀	89
	神津赤壁家	佐久市志賀	90
	神津黒壁家	佐久市志賀	90
	上林ホテル仙壽閣（神津藤平翁胸像）	下高井郡山ノ内町上林温泉	92
	志賀高原歴史記念館（猪谷千春記念コーナー）	下高井郡山ノ内町平穏 7148-203	93
	白林荘	諏訪郡富士見町富士見 301	94
	富士見高原病院（旧富士見高原療養所資料館）	諏訪郡富士見町落合 11100	97
	富士見町　高原のミュージアム	諏訪郡富士見町富士見 3597-1	98
	上高地帝国ホテル	松本市安曇上高地	42
岐阜県	武藤山治像	海津市平田町仏師川 483　海津市生涯学習センター内	141
	大井発電所（「独立自尊」の碑）	中津川市蛭川	101
	電力王福沢桃介翁像	恵那市大井町恵那峡　さざなみ公園内	102
	川上貞奴女史碑	恵那市大井町恵那峡　さざなみ公園内	102
静岡県	川奈ホテル	伊東市川奈 1459	42
	野田屋跡（「月の庭」駐車場）	伊豆市修善寺 823	17
	仲田屋（湯の宿　花小道）	伊豆市修善寺 3465-1	17
	涵翠閣（あさば）	伊豆市修善寺 3450-1	17
	新井旅館	伊豆市修善寺 970	18
	日枝神社	伊豆市修善寺	18
	修善寺幼稚舎疎開学園の碑	伊豆市修善寺 964　修禅寺境内	20
	幼稚舎の杜	伊豆市修善寺船久保	20
	下狩野国民学校（修善寺東小学校）	伊豆市本立野 419	19
	御宿さか屋	伊豆市吉奈 101	72
	三養荘	伊豆の国市ままの上 270	50
	依田勉三生家（旧依田邸）	賀茂郡松崎町大沢 153	31
	依田佐二平・勉三胸像	下田市蓮台寺 152　下田高校内	32
愛知県	帝国ホテル中央玄関（移築）	犬山市字内山 1　明治村	42

大倉公園……大府市桃山町 5-74……106
野口米次郎生家……津島市本町 4-22……116
ヨネ・ノグチ像……津島市宮川町 1……117
中村道太翁顕彰碑……豊橋市今橋町 3　豊橋公園内……112
中部電力 でんきの科学館……名古屋市中区栄 2-2-5……99
文化のみち二葉館……名古屋市東区橦木町 3-23……100
福澤桃介君追憶碑……名古屋市千種区法王町 1-1　日泰寺内……103
ノリタケカンパニーリミテド本社（「ノリタケの森」）……名古屋市西区則武新町 3-1-36……105

三重県……尾崎咢堂記念館（伊勢）……伊勢市川端町 97-2……154
別当薫記念碑……尾鷲市矢浜字真砂 997-1　尾鷲市営野球場内……134
門野幾之進記念館（門野幾之進誕生地の碑）……鳥羽市鳥羽 1-10-48　鳥羽市歴史文化センター 2 階……113
門野家墓所……鳥羽市鳥羽 3-13-65　光岳寺内……114

京都府……京都慶應義塾跡記念碑……京都市上京区下立売通新町西入藪ノ内……8

大阪府……池田室町住民憲章の碑……池田市室町 7-13　室町会館内……147
小林一三記念館（雅俗山荘）……池田市建石町 7-17……149
逸翁美術館……池田市栄本町 12-27……150
池田文庫……池田市栄本町 12-1……150
小林一三墓所……池田市綾羽 2-5-16　大広寺内……150
大阪慶應義塾跡記念碑……大阪市中央区北浜 2-5……7
國民會館（武藤山治記念室）……大阪市中央区大手前 2-1-2　國民會館住友生命ビル 12 階……144
大阪企業家ミュージアム……大阪市中央区本町 1-4-5　大阪産業創造館 B1 階……145
水上瀧太郎文学碑（「大阪の宿」）……大阪市北区中之島 3　中之島遊歩道内……137
梅田阪急ビル……大阪市北区角田町 8-1……149
古川橋電力センター（桃介詩碑）……門真市古川町 12-23……103
万博記念公園（太陽の塔）……吹田市千里万博公園 1-1……71
高校野球発祥の地記念公園……豊中市玉井町 3……148

兵庫県……御崎公園（鐘紡兵庫工場跡）……神戸市兵庫区御崎町 1-2……142
旧武藤山治邸……神戸市垂水区東舞子町 2051　舞子公園内……142
武藤山治墓所……神戸市垂水区舞子陵 1-1　舞子墓園内……145
宝塚大劇場……宝塚市栄町 1-1-57……148
宝塚ホテル……宝塚市梅野町 1-46……149

和歌山県……濱口梧陵像……有田郡広川町広 1123　耐久中学校内……124
濱口梧陵記念館（稲むらの火の館）……有田郡広川町広 671……125
広村堤防……有田郡広川町広……125
濱口梧陵記念碑……有田郡広川町上中野 206　広八幡神社内……125
佐藤春夫誕生の地……新宮市船町 3-1-12……127
佐藤春夫生育の地……新宮市新宮 7690……128
佐藤春夫記念館……新宮市新宮 1　速玉大社境内……128
佐藤春夫 筆塚……新宮市下本町 2-1-1　市民会館前広場……129
「秋刀魚の歌」詩碑……東牟婁郡那智勝浦町築地 6-1……130
懸泉堂……東牟婁郡那智勝浦町下里八尺鏡野……126
佐藤春夫墓所（下里）……東牟婁郡那智勝浦町下里……130

佐藤春夫先生之歌碑（ゆかし潟）……東牟婁郡那智勝浦町湯川……130
和歌山市立博物館……和歌山市湊本町 3-2……121
小泉家墓所（善稱寺）……和歌山市本町 5-32……122
芦辺屋・朝日屋跡地（和歌の浦）……和歌山市和歌浦中 3……123
芦辺屋妹背別荘……和歌山市和歌浦中 3……124

岡山県……犬養木堂生家、犬養木堂記念館、
犬養毅之墓……岡山市北区川入 102-1……151
犬養毅銅像（吉備公民館）、
「話せばわかる」の碑……岡山市北区庭瀬 416　吉備公民館内……151
犬養毅銅像（吉備津神社）……岡山市北区吉備津 931……152

徳島県……徳島慶應義塾跡記念碑……徳島市万代町 3-1-1……9

香川県……イサム・ノグチ庭園美術館……高松市牟礼町牟礼 3519……119
高松商業高校　昭和二年優勝石碑……高松市松島町 1-18-54……131
水原茂・三原脩銅像……高松市番町 1-11　中央公園内……132

福岡県……TOTO ミュージアム……北九州市小倉北区中島 2-1-1……105

佐賀県……旧高取邸……唐津市北城内 5-40……175
「林毅陸先生誕生の地」記念碑……唐津市肥前町田野……176
杵島炭鉱変電所跡（大町煉瓦館）……杵島郡大町町福母 2712-38……173
ボタ山わんぱく公園……杵島郡大町町大字大町 4656-1……173
西渓公園（寒鶯亭、高取伊好像）……多久市多久町 1975-1……174
佐賀県立九州陶磁文化館……西松浦郡有田町戸杓乙 3100-1……175

長崎県……壱岐松永記念館……壱岐市石田町印通寺浦 360……157
高島石炭資料館……長崎市高島町 2706-8……172
高島炭坑北渓井坑跡……長崎市高島町 99-1……172

熊本県……北里柴三郎記念館（北里柴三郎生家、胸像）……阿蘇郡小国町北里 3199……167
時習館跡……熊本市中央区本丸 1-1　熊本城二の丸広場内……169
熊本医学校跡……熊本市中央区古城町 3-1……169

アメリカ……パシフィック大学図書館 武藤ルーム……3601 Pacific Avenue, Stockton, CA 95211……142
小幡甚三郎墓所（ウィロウ・グローブ墓地）……60 Livingston Ave, New Brunswick, NJ 08901……177
馬場辰猪墓所（ウッドランド共同墓地）……4000 Woodland Avenue, Philadelphia, PA 19104……179

韓国……金玉均墓所（韓国）……忠清南道牙山市霊仁面牙山里 143……185
金玉均生家跡（古筠金玉均先生追慕碑）……公州市正安面広亭里 38……185
郵征總局……ソウル特別市鍾路区郵征局路 59……185

〈編著者略歴〉
加藤　三明（かとう　みつあき）
慶應義塾幼稚舎教諭。元幼稚舎長。1955年生まれ。1978年慶應義塾大学経済学部卒業。79年慶應義塾幼稚舎教諭。慶應義塾福澤研究センター所員。日本私立小学校連合会常任理事、東京私立初等学校協会副会長を経る。著書に『福澤諭吉歴史散歩』（共著、慶應義塾大学出版会）。

山内　慶太（やまうち　けいた）
慶應義塾大学看護医療学部・大学院健康マネジメント研究科教授。1966年生まれ。1991年慶應義塾大学医学部卒業。博士（医学）。慶應義塾福澤研究センター所員。福澤諭吉協会理事。慶應義塾横浜初等部の開設準備室長、部長を歴任。著書に『福澤諭吉歴史散歩』（共著、慶應義塾大学出版会）。

大澤　輝嘉（おおさわ　てるか）
慶應義塾中等部教諭。1969年生まれ。1992年慶應義塾大学理工学部卒業。福澤諭吉協会会員。担当教科は数学。著書に『福澤諭吉歴史散歩』（共著、慶應義塾大学出版会）。

「慶應義塾の分校」執筆
西澤　直子（にしざわ　なおこ）
慶應義塾福澤研究センター教授

慶應義塾 歴史散歩　全国編

2017年10月31日　初版第1刷発行

編著者────加藤三明・山内慶太・大澤輝嘉
発行者────古屋正博
発行所────慶應義塾大学出版会株式会社
〒108-8346　東京都港区三田2-19-30
TEL〔編集部〕03-3451-0931
〔営業部〕03-3451-3584〈ご注文〉
〔　〃　〕03-3451-6926
FAX〔営業部〕03-3451-3122
振替 00190-8-155497
http://www.keio-up.co.jp/
装丁────中垣デザイン事務所
印刷・製本──港北出版印刷株式会社
カバー印刷──株式会社太平印刷社

©2017 Mitsuaki Kato, Keita Yamauchi, Teruka Osawa, Naoko Nishizawa
Printed in Japan　ISBN 978-4-7664-2470-6

慶應義塾大学出版会

福澤諭吉 歴史散歩

加藤三明・山内慶太・大澤輝嘉 著

読んで知る、歩いて辿る
福澤諭吉ガイドブック

『三田評論』の好評連載「慶應義塾 史跡めぐり」が、詳細な〝散歩マップ〟付きで本になりました。『福翁自伝』に沿って、中津・大阪・東京・ロンドン・パリなどの福澤諭吉ゆかりの地を辿りながら、福澤の生涯とその時代の背景を知ることができ、福澤ファンはもちろん、歴史好きの方、史跡めぐり愛好者も楽しめます！

A5判／並製／198頁
中津・東京折込散歩地図付き
ISBN 978-4-7664-1984-9
◎2,500円

◆主要目次◆

Ⅰ 生い立ち
福澤諭吉誕生地――大阪
福澤諭吉旧居――中津　他

Ⅱ 蘭学修業
長崎――遊学の地
適塾と緒方洪庵――大阪　他

Ⅲ 蘭学塾開校
築地鉄砲洲――慶應義塾発祥の地記念碑
新銭座慶應義塾
『福翁自伝』の中の江戸　他

Ⅳ 円熟期から晩年へ
長沼と福澤諭吉
福澤諭吉と箱根開発
常光寺――福澤諭吉永眠の地　他

海外での足跡
サンフランシスコ／ニューヨーク／パリ／ロンドン／オランダ／ベルリン／サンクトペテルブルク

表示価格は刊行時の本体価格（税別）です。

慶應義塾大学出版会

慶應義塾 歴史散歩 キャンパス編

加藤三明・山内慶太・大澤輝嘉 編著

「こんな歴史が、あの場所に！」
読んで知る、歩いて楽しむ、
歴史に学ぶ慶應義塾のキャンパス・ガイドブック

『三田評論』の好評連載「慶應義塾 史跡めぐり」の続刊、待望の登場！ 慶應義塾のキャンパスに残る史跡や建造物について、様々な角度から光を当て、その歴史を掘り起こします。およそ160年の歴史を誇る慶應義塾のキャンパスはまさに歴史の宝庫。気軽に読んで、気軽に歩いて、楽しく学べる、キャンパス・ガイドブック！

A5判／並製／208頁
三田/日吉・矢上キャンパス
折込散歩地図付き
ISBN 978-4-7664-2469-0
◎2,500円

◆主要目次◆

三田
三田演説館と稲荷山
慶應義塾図書館――私立の気概を秘めた義塾のシンボル
幻の門
大講堂とユニコン
大公孫樹と「丘の上」　他

日吉・矢上
日吉開設と東横線
日吉キャンパスの銀杏並木
まむし谷――練習ハ不可能ヲ可能ニス
日吉台地下壕　他

信濃町
北里柴三郎と北里記念医学図書館
予防医学校舎と食研――空襲の痕跡　他

一貫教育校他
天現寺界隈、そして幼稚舎
慶應義塾と谷口吉郎
各キャンパスの福澤諭吉像　他

表示価格は刊行時の本体価格（税別）です。